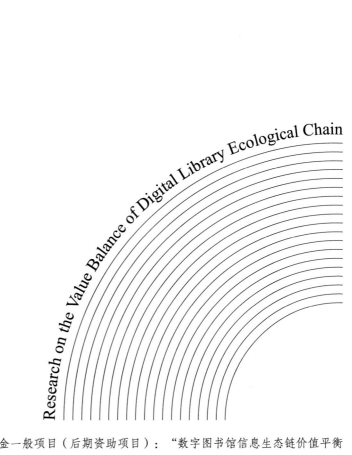

Research on the Value Balance of Digital Library Ecological Chain

湖北省社会科学基金一般项目（后期资助项目）："数字图书馆信息生态链价值平衡研究"（项目批准号：2021202）成果

数字图书馆信息生态链价值平衡研究

 李青维　著

WUHAN UNIVERSITY PRESS
武汉大学出版社

图书在版编目(CIP)数据

数字图书馆信息生态链价值平衡研究/李青维著 . —武汉：武汉大学出版社,2023.10(2024.12 重印)

ISBN 978-7-307-23824-4

Ⅰ.数… Ⅱ.李… Ⅲ.数字图书馆—信息管理—研究 Ⅳ.G250.76

中国国家版本馆 CIP 数据核字(2023)第 110373 号

责任编辑:朱凌云 责任校对:汪欣怡 版式设计:马 佳

出版发行:**武汉大学出版社** (430072 武昌 珞珈山)

(电子邮箱: cbs22@ whu.edu.cn 网址: www.wdp.com.cn)

印刷:武汉邮科印务有限公司

开本:720×1000 1/16 印张:14 字数:201 千字 插页:2

版次:2023 年 10 月第 1 版 2024 年 12 月第 2 次印刷

ISBN 978-7-307-23824-4 定价:65 .00 元

前　言

  数字图书馆是我国社会文化建设的基础保障设施，是增强民族文化自信的重要推动力量。在政府的大力扶持下，我国数字图书馆建设蓬勃发展，但随着数字图书馆建设的不断深入，凸显的问题和矛盾也越来越多：信息生产者与数据库商、数字图书馆间的版权纠纷频发；数据库商与出版商、数字图书馆间的利益冲突愈演愈烈；数字图书馆的数字资源不能很好地满足信息用户的多层次信息需求……以上矛盾，究其根本还是数字图书馆信息生态链内信息主体间的价值失衡问题导致的。价值失衡问题贯穿数字图书馆信息生态链内数字信息的生产、传递及利用全过程，不仅严重影响数字图书馆信息生态链的高效运行，也制约我国数字图书馆建设的可持续发展。

  要解决以上价值失衡问题，需要有完善的数字图书馆信息生态链价值平衡理论作指导以及科学的数字图书馆信息生态链价值平衡策略供采用。然而，目前关于数字图书馆信息生态链价值平衡的研究成果极少，尚未形成理论体系；关于数字图书馆相关信息主体间的价值平衡研究视角较窄，不能为数字图书馆信息生态链的价值平衡提供普适性指导意见。因此，有必要深层次解析数字图书馆信息生态链价值平衡机理，并提出合理而有效的价值平衡策略。本书在系统梳理国内外关于数字图书馆信息生态、网络信息生态链价值、数字图书馆相关信息主体间价值平衡等研究的基础上，对数字图书馆信息生态链价值平衡的概念及标志进行了探讨，构建了数字图书馆信息生态链价值平衡影响因素理论模型，分析了数字图书馆信息生态链价值平衡影响因素作用机制，并从多个层面提出数字图书馆信息生态链价值平衡策略。本书的相关研究，可以拓宽数字图书馆信息生态研究范围，完善数字图书馆信息生态链理论体系；可以为数字图书馆信息生态链上相关信息主体的信息活动提供实践指导，为相关部门制定数字图书馆管理制度和发展战略提供借鉴参考。

本书的主要内容如下：

第1章，介绍本书选题背景与研究意义，总结归纳国内外相关研究现状，简述本书的研究内容、创新之处、研究方法与技术路线。

第2章，研究数字图书馆信息生态链价值平衡的基础理论。界定数字图书馆及数字图书馆信息生态链概念，探析数字图书馆信息生态链特性、构成要素及类型划分。在此基础上，阐释数字图书馆信息生态链价值的内涵，归纳分析数字图书馆信息生态链价值的类型、链内信息主体及整条链的价值需求。

第3章，探讨数字图书馆信息生态链价值平衡的概念及标志。在数字图书馆信息生态链及其价值等相关理论研究基础上，阐释数字图书馆信息生态链价值平衡的内涵和属性，并采用多轮专家调查法确定数字图书馆信息生态链价值平衡的标志，最后对数字图书馆信息生态链价值平衡标志进行详细分析。

第4章，构建数字图书馆信息生态链价值平衡影响因素概念模型。首先，在数字图书馆信息生态链价值平衡标志研究的基础上，采用扎根理论方法构建数字图书馆信息生态链价值平衡影响因素初始模型。其次，运用专家调查法对初始模型进行修正和完善，得出数字图书馆信息生态链价值平衡影响因素理论模型。最后，从影响因素内涵和影响因素关系两个方面对影响因素理论模型进行简要阐释。

第5章，分析数字图书馆信息生态链价值平衡影响因素作用机制。对数字图书馆信息生态链价值平衡影响因素理论模型展开进一步研究，深入分析各影响因素对数字图书馆信息生态链价值平衡的影响路径和作用机理。

第6章，提出数字图书馆信息生态链价值平衡策略。结合对数字图书馆信息生态链价值平衡影响因素及其作用机制的研究和分析，针对性地从数字信息资源、链内信息主体、链内管理机制及网络信息环境四个层面提出数字图书馆信息生态链价值平衡策略。

第 7 章，对全书主要内容及观点进行总结，并提出今后进一步研究的方向。

目　　录

图 目 录

表 目 录

第1章 绪 论

1.1 研究背景

随着互联网、移动阅读终端的普及以及大数据、人工智能等现代信息技术的飞速发展，人们的阅读方式和认知习惯也正在不断发生着改变，"互联网+图书馆"新模式已全面开启，"数字阅读时代"已经到来。由于不受时间地域限制，数字化阅读极大拓展了阅读的覆盖面，缩小了地域间的"数字鸿沟"，让阅读变得随时随地触手可及，数字信息用户数量也逐年上升。据中国新闻出版研究院2021年组织实施的第十九次全国国民阅读调查显示，2021年手机和互联网成为我国成年国民每天接触媒介的主体，数字化阅读方式的接触率为79.6%。① 作为数字信息资源的主要传播者和重要生产者，数字图书馆这一数字化网络时代的产物以其服务不受时空限制的便利性特点强有力地推动了"全民阅读"活动的开展，让人们可以时时处处接受文化熏陶，感知文化魅力，增强文化自信。

近年来，数字图书馆建设受到国家的高度关注和重视，政府制定数字图书馆相关政策法规并采取一系列措施来促进数字图书馆的建设和发展。2011年我国出台了《关于进一步加强公共数字文化建设的指导意见》，要求文化部、财政部进一步加大全国公共数字文化建设力度，为广大群众提供丰富便捷的数字文化服务，切实保障公共文化服务的公益性、基本性、均等性和便

---

① 中国新闻出版研究院全国国民阅读调查课题组，魏玉山，徐升国. 第十九次全国国民阅读调查主要发现[J]. 出版发行研究，2022(5)：21-25.

利性。2017 年和 2018 年分别出台了《中华人民共和国数字化图书馆条例》和《关于加强数字图书馆建设的指导意见》，旨在规范数字图书馆的建设和管理，提高数字化资源的利用效率和服务水平，保障数字图书馆的安全和可持续发展。2017 年和 2018 年相继施行的《中华人民共和国公共文化服务保障法》和《中华人民共和国公共图书馆法》则从法律层面专门对数字图书馆建设作了要求。国家"十三五"规划明确要求大力加强数字图书馆建设；习总书记在 2018 年全国网络安全和信息化工作会议中强调，要推动互联网、大数据、人工智能和实体经济深度融合，加快产业数字化。2019 年《关于加强数字化文化遗产保护工作的意见》明确了数字化文化遗产保护的目标和任务、机制和保障等方面的内容。2020 年《关于加强数字资源建设和利用的指导意见》明确了数字资源的获取和利用、数字资源服务的内容和方式等内容，旨在加强数字资源的建设和利用，推动数字化发展。而中国产业调研网发布的 2021 年中国数字图书馆市场现状调查与未来发展趋势报告显示，自 2011 年国家数字图书馆推广工程启动以来，中央财政共投入 3.4505 亿元用于 33 家省馆和 425 家市馆的数字硬件建设，并带动地方投入共计 9978.4 万元。[①] 2022 年发布的《"十四五"数字经济发展规划》，指出"十四五"时期我国数字经济转向深化应用、规范发展、普惠共享的新阶段。

2011 年至 2022 年我国数字图书馆相关政策法规如表 1.1 所示。

表 1.1　　　　　　　　　我国数字图书馆相关政策法规

时间	政策法规文件	政策法规内容
2011 年	《关于进一步加强公共数字文化建设的指导意见》	文化部、财政部将进一步加大全国公共数字文化建设力度，以制度体系、网络体系、资源体系、管理体系和服务体系建设为着力点，构建海量分级分布式公共数字文化资源库群，力争建成内容丰富、技术先进、覆盖城乡、传播快捷的公共数字文化服务体系。

① 中国产业调研网.2021 年中国数字图书馆市场现状调查与未来发展趋势报告［EB/OL］.［2023-02-28］. https：//www.cir.cn/R_QiTaHangYe/79/ShuZiTuShuGuanFaZhanXianZhuangFenXiQianJingYuCe.html.

续表

时间	政策法规文件	政策法规内容
2017 年	《中华人民共和国数字化图书馆条例》	规范数字化图书馆的建设和管理，保障数字化图书馆的安全和可持续发展。条例明确了数字化图书馆的定义、建设和管理的基本原则、数字化资源的获取和利用、数字化图书馆的服务和保障等方面内容。
2017 年	《中华人民共和国公共文化服务保障法》	加强公共文化服务体系建设，丰富人民群众精神文化生活，传承中华优秀传统文化，促进中国特色社会主义文化繁荣发展，提高全民族文明素质。该法明确了公共文化设施建设与管理、公共文化服务提供及其保障措施和法律责任。
2018 年	《关于加强数字图书馆建设的指导意见》	推动数字图书馆建设，提高数字化资源的利用效率和服务水平。指导意见明确了数字图书馆建设的目标和任务、数字化资源的获取和利用、数字图书馆服务的内容和方式、数字图书馆管理的机制和保障等方面的内容。
2018 年	《中华人民共和国公共图书馆法》	促进公共图书馆事业发展，发挥公共图书馆功能，保障公民基本文化权益，提高公民科学文化素质和社会文明程度，传承人类文明，坚定文化自信。该法明确了公共图书馆的设立、运行、服务及其承担的法律责任等内容。
2019 年	《关于加强数字化文化遗产保护工作的意见》	加强数字化文化遗产的保护和利用，推动数字文化遗产的传承和发展。意见明确了数字化文化遗产保护的目标和任务、数字化文化遗产的获取和利用、数字化文化遗产保护的机制和保障等方面的内容。
2020 年	《关于加强数字资源建设和利用的指导意见》	加强数字资源的建设和利用，推动数字化发展。指导意见明确了数字资源建设和利用的目标和任务、数字资源的获取和利用、数字资源服务的内容和方式、数字资源管理的机制和保障等内容。
2022 年	《"十四五"数字经济发展规划》	从顶层设计上明确了我国数字经济发展的总体思路、发展目标、重点任务和重大举措，是"十四五"时期推动我国数字经济高质量发展的行动纲领。

网络技术和数字化技术的不断发展让各种信息资源从生产、传递到利用都在经历着前所未有的改变：依靠网络和新媒体的数字内容大量增长，各种数字信息从生产、传播到使用形成了一条较为全面的信息产业链，信息生产者、数字出版商、数据库提供商、数字图书馆以及数字信息用户共同形成了一个行业价值链，并在其中担当不同的角色，共同创造对最终读者的服务价值。但高速发展的网络和数字化技术是一把双刃剑，给传统图书馆带来变化和机遇的同时也带来了全所未有的挑战。随着数字图书馆建设的不断深入，凸显的问题和矛盾也越来越多：信息生产者与数据库商和数字图书馆之间的著作权纠纷频发；数据库商与出版商及数字图书馆间的利益冲突愈演愈烈；数字图书馆的数字馆藏不能很好地满足数字信息用户的多层次需求……以上问题贯穿数字信息的生产、传递及利用全过程并严重制约着我国数字图书馆建设的可持续发展。上述问题，究其本质源于数字图书馆信息生态链内各信息主体自身及主体之间的价值矛盾，既包括经济价值矛盾也包括非经济价值矛盾。在这样的背景和形势下，如何平衡数字图书馆相关信息主体自身及信息主体之间的价值成为数字图书馆建设可持续发展道路上急需解决的问题。

目前，国内外学者围绕数字图书馆发展中遇到的问题展开了积极探索，其大多是从经济视角对数字图书馆版权平衡问题进行研究。但是，价值具有多元性，数字图书馆建设及运行过程中相关主体的价值不仅包括经济价值还有许多非经济价值，并且数字图书馆建设及运行过程中的价值冲突也不仅仅存在于信息生产者和数字图书馆之间，信息生产者、信息传递者、信息用户三类信息主体之间及其各自本身均存在不同程度的价值冲突。此外，数字图书馆与为其提供信息资源的信息资源作者、数据库商以及作为信息服务对象的信息用户能够组成一个信息生产、传递、获取与利用的完整系统，即信息生态链。数字图书馆建设及运行过程复杂，信息活动环节繁多，从信息生态链的角度出发，将数字图书馆的复杂信息活动解析成为多条信息生态链，分析其中信息流动过程，有助于把握数字图书馆信息活动的整体动态性，协调信息组织与服务的各个环节，发现信息活动中存在的价值分配问题，提供更有针对性的解决措施。因此，从信息生态链的角度对数字图书馆的价值平衡问题进行研究，深入了解数字图书馆信息生态链价值平衡标志、影响因素并提出合理有效的价值平衡策略对促进数字图书馆信息生态链稳定、高效运行，保障数字图书馆信息生态系统平衡及健康发展具有重要意义。

鉴于此，本书在相关研究的基础上，从信息生态链角度出发，对数字图书馆信息生态链价值平衡的概念、标志、影响因素及其作用机制进行了较为深入的探讨，并在此基础上针对性地提出了数字图书馆信息生态链价值平衡策略，以期在完善数字图书馆理论体系的同时，也能为数字图书馆的实践管理提供一定的借鉴和参考。

1.2 研究意义

1.2.1 理论意义

(1)拓宽图书馆信息生态研究范围，扩展信息生态学应用领域

图书馆信息生态的研究主要集中在图书馆信息生态系统、图书馆信息生态链、图书馆信息生态位等方面。其中，对图书馆信息生态链的研究主要在基本理论与管理应用两个方面，对数字图书馆信息生态链的关注较少，价值平衡问题更是鲜少涉及。近年来，众多学者围绕信息生态学展开了深入、全面、系统的研究，并取得了丰硕的成果，在学者们的共同努力下，信息生态学理论体系日趋完善，信息生态学已发展成为一门比较成熟的学科。本书在现有信息生态理论基础上，对数字图书馆信息生态链价值平衡问题进行探讨，不仅拓宽了图书馆信息生态的研究范围也在一定程度上扩大了信息生态学的应用领域。

(2)完善数字图书馆信息生态链研究内容，丰富网络信息生态链理论体系

目前，针对数字图书馆信息生态链的研究，主要集中在数字图书馆基

本概念、结构模型、运行机制等方面，数字图书馆信息生态链价值平衡问题的研究比较欠缺。本书以数字图书馆信息生态链内各信息主体的价值需求为出发点，以信息主体自身及信息主体之间的价值平衡为突破点，对数字图书馆信息生态链价值平衡的标志、影响因素及其作用机制，以及价值平衡策略进行了较为全面而深入的分析，进一步完善了数字图书馆信息生态链的研究内容。同时，由于数字图书馆信息生态链是网络信息生态链中一条重要的生态链，是网络信息生态链的重要组成部分，而网络信息生态链价值平衡是网络信息生态链运行机制与优化管理研究中的一个重要内容，因此，通过对数字图书馆信息生态链价值平衡机制的研究，可以充实网络信息生态链运行机制与优化管理理论的研究成果，丰富网络信息生态链的理论体系。

1.2.2　实践意义

（1）为数字图书馆信息生态链上相关信息主体的信息活动提供实践指导

本书对数字图书馆信息生态链上各类信息主体的价值种类需求及数字图书馆信息生态链价值平衡影响因素进行了较为细致的分析，有助于链内各价值主体明晰自身及链内其他成员的价值需求，趋利避害，寻求适当的合作机会，减少链内价值冲突，有利于实现链内信息主体间的和谐发展，促进数字图书馆信息生态链的高效运行。

（2）为数字图书馆及相关管理部门制定数字图书馆管理制度和方法提供借鉴

本书经由多轮专家调查得出的数字图书馆信息生态链价值平衡标志能为数字图书馆及相关部门测评数字图书馆相关信息主体的价值平衡状态提供判断依据。本书针对数字图书馆信息生态链价值平衡影响因素提出的数字图书馆信息生态链价值平衡策略可为数字图书馆及相关管理部门制定数字图书馆管理制度和方法提供借鉴和参考。

（3）为国家和政府制定数字图书馆发展战略和相关政策法规提供参考

数字图书馆是社会文化建设中不可缺少的重要部分，数字图书馆的建设和发展备受国家和政府关注。目前，在国家和政府的大力扶持下，我国数字图书馆建设蓬勃发展，但在此过程中仍然存在很多问题。数字图书馆信息生态链信息主体间的价值冲突会破坏数字图书馆信息生态链的结构稳定与高效运行，制约数字图书馆建设的可持续发展。本书提出的数字图书馆信息生态链价值平衡标志及价值平衡对策可为政府相关部门制定数字图书馆发展战略、完善数字图书馆相关政策法规提供参考和依据，有助于加快数字图书馆建设步伐。

1.3 国内外研究现状

目前，国内外直接对数字图书馆信息生态链价值平衡进行研究的相关文献较少。与本主题相关的研究，主要有数字图书馆信息生态、网络信息生态链价值以及数字图书馆相关信息主体间价值平衡三个方面。笔者将对以上三个方面的研究内容进行国内外研究综述和述评。

1.3.1 数字图书馆信息生态研究现状

近年来，将生态学理论引入网络及信息领域，探究相关理论与实践问题已受到国外学者的日益重视和关注。从国外现有资料来看，国外学者对网络信息生态的一般理论进行了较多研究：加拿大学者 Brian Detlor[①] 总结了网络信息系统的功能，美国学者 Burnardo A. Huberman[②]、匈牙利学者

① Detlor B. Utilizing Web Information Systems for Organizational Knowledge Work：An Investigation of the Information Ecology and Information Behaviors of Users in a Telecommunications Company［J］. School of Graduate Studies — Theses，1999，171(5-6)：302.

② Huberman B A. The Laws of the Web：Pattern in the Ecology of Information［M］. Cambridge：The MIT Press，2003.

Ferenc Jordán①、墨西哥学者 Emiliano Treré② 研究了网络生态系统内部间的关系，阿伯丁大学商学院的 Stuart Hannabuss③ 和澳大利亚学者 Vidyasagar Potdar④ 探究了网络生态系统的构建，韩国学者 Yoonjae Nam⑤ 和爱尔兰学者 Alan Sloane⑥ 则对网络生态的影响进行了研究……相比而言，国外对数字图书馆信息生态的研究较少，研究内容主要涉及数字图书馆生态系统的概念、构成、生态化建设等方面，且国外并没有明确提出"数字图书馆信息生态链"这一概念。目前，国内关于数字图书馆信息生态的研究成果较为丰富，主要集中在数字图书馆信息生态系统、数字图书馆信息生态链、数字图书馆生态化建设三个方面。

（1）数字图书馆信息生态系统研究

数字图书馆信息生态系统是学者们在数字图书馆信息生态领域的研究重点和热点，研究成果较多，研究内容既涉及数字图书馆信息生态系统概念、结构、属性等基本理论，也涉及数字图书馆信息生态系统平衡、运行、建设等实践应用层面。

第一，数字图书馆信息生态系统概念、结构与属性研究。①数字图书馆信息生态系统概念、功能研究。西班牙学者 Francisco-Javier 探索了用于

---

① Jordán F，Scheuring I. Network ecology：topological constraints on ecosystem dynamics[J]. Physics of Life Reviews，2004，1(3)：139-172.

② Treré E. Social Movements as Information Ecologies：Exploring the Coevolution of Multiple Internet Technologies for Activism [J]. International Journal of Communication，2012，6(5)：2359-2377.

③ Hannabuss S. The Laws of the Web：Patterns in the Ecology of Information[J]. Library Review，2005，54(7)：440-442.

④ Potdar V，Wu C. A digital ecosystem platform for social networking and collaboration [C]// 2007 Inaugural IEEE International Conference on Digital Ecosystems and Technologies. IEEE，2007：605.

⑤ Nam Y，Lee Y O，Han W P. Can web ecology provide a clearer understanding of people's information behavior during election campaigns? [J]. Social Science Information，2013，52(52)：91-109.

⑥ Sloane A，O'Reilly S. The emergence of supply network ecosystems：a social network analysis perspective[J]. Production Planning & Control，2013，24(7)：621-639.

传递知识的数字图书馆社会子系统里的功能逻辑，发现技术转移的过程是复杂的，在此使用信息生态的概念可以减少复杂性，作者还研究了信息生态的概念以及社会和经济对数字图书馆和信息服务演进的影响。① 1991 年 John R. Garrett 构建了一个"数字图书馆生态系统"，并分析了该系统对版权人和用户的影响。② 而国内学者郭海明等最早从系统构成和系统特性层面将数字图书馆信息生态系统定义为是由数字信息、信息服务人员、信息用户以及数字图书馆生态环境共同组成的人工系统，该人工系统具有一定的自我调节能力。③ ②数字图书馆信息生态系统结构和属性研究。美国学者 Ann P. Bishop 指出成功的数字图书馆就是一个用户可以借助信息系统（技术）有效搜索文献的地方，作者把图书馆用户、馆藏文献、信息系统（技术）看作数字图书馆生态系统的三大组件，并强调这三大组件必须协调一致且效力于数字图书馆，以保证其有用性。④ 彭娜认为信息人、信息及信息环境是数字图书馆信息生态系统的三大组成要素，且数字图书馆信息生态系统有地域性、人为性、信息双向流动性等特性。⑤ 袁润等将信息生态链与数字出版链相结合，构建出图书馆数字出版生态系统。⑥ 张海涛等从内容、人格、流量和场景四个维度构建的基于超级 IP 的数字图书馆生态系统模型由信息人、信息资源和信息环境三部分构成。⑦ 李菲等认为狭义的数字图书馆知识生态系统是以数字图书馆为依托，由知识生产者、知识

① García-Marco F. Libraries in the digital ecology: reflections and trends[J]. The electronic library, 2011, 29(1): 105-120.

② Pike G H. Fun With Copyright[J]. Information Today, 2008, 25(8): 17-19.

③ 郭海明，刘桂珍. 数字图书馆信息生态分析[J]. 图书馆理论与实践，2007(1): 12-13.

④ Bishop A, Van House N, Buttenfield B, et al. Digital library use: social practice in design and evaluation[M]. Cambridge: The MIT Press, 2003.

⑤ 彭娜. 浅析数字图书馆信息生态系统[J]. 电子技术与软件工程，2014(4): 18.

⑥ 袁润，姜晔. 图书馆数字出版生态系统构建研究[J]. 图书情报研究，2016, 9(1): 48-52.

⑦ 张海涛，张念祥，崔阳，李泽中. 基于超级 IP 的数字图书馆生态系统构建[J]. 情报科学，2018, 36(9): 22-26, 176.

传播者及知识接受者三类种群构成的链状知识网络。① 陈静等提出数字图书馆知识生态体系由知识主体、知识客体和知识环境三大主要因子构成。② 薛佩伟认为数字图书馆是由信息主体、信息以及信息环境构成的均衡动态系统。③ 刘玉婷等提出数字图书馆是独立存在的信息生态系统，主要由信息人、信息资源和信息环境构成。④ 目前来看，国内学者对数字图书馆信息生态系统的构成已基本形成共识，即其主要由信息人、信息以及信息环境三大要素构成。

第二，数字图书馆信息生态系统平衡研究。学者们主要围绕系统平衡现状、系统平衡标志、系统平衡影响因素及系统平衡策略等方面来展开。①数字图书馆信息生态系统平衡标志研究。刘洵认为要素协调互补、系统结构不断优化、功能保持良好运行是数字图书馆信息生态系统平衡的标志，并提出自组机制、适应机制、竞争共生机制和反馈机制等数字图书馆信息生态系统平衡调控机制。⑤ ②数字图书馆信息生态系统平衡影响因素研究。英国学者 Ben Showers 指出数据驱动是数字图书馆信息生态系统平衡的重要影响因素，并探讨了数字生态系统和服务的数据驱动方法，而在探索一种数据驱动方法应用于图书馆基础设施的潜力及其对图书馆(以及出版商、系统供应商和第三方)的益处时，一个新的信息生态系统便很明显地出现了。⑥ ③数字图书馆信息生态系统平衡策略研究。作为国内较早关注图书馆信息生态系统健康的学者，刘君霞等提出应根据组织、信息及外

---

① 李菲，徐恺英，马克强，张超. 基于 Living books 的数字图书馆知识生态共享模型构建[J]. 图书情报工作，2012，56(11)：28-31.

② 陈静，郑建明. 知识生态视野下的数字图书馆建设[J]. 图书馆，2012(6)：39-41.

③ 薛佩伟. 信息生态视阈下数字图书馆信息协同服务模式研究[J]. 中国中医药图书情报杂志，2018，42(1)：35-38.

④ 刘玉婷，姚慧君. 信息生态系统视角下的数字图书馆资源优化配置[J]. 山西档案，2018(3)：123-125.

⑤ 刘洵. 数字图书馆信息生态系统平衡调控机制研究[J]. 内蒙古科技与经济，2013(20)：158-160.

⑥ Showers B. Data-driven library infrastructure：towards a new information ecology[J]. Insights，2012，25(2)：150-154.

部环境等因素对系统平衡的不同作用,针对性地选择图书馆信息生态系统平衡促进策略。① 王瑶等运用耗散结构理论揭示了数字图书馆信息生态系统的运行机制及维持系统平衡所需的条件,② 并从数字信息输入及其有效管理,系统自我调节和系统开放程度几个方面探讨了促进数字图书馆信息生态系统达到平衡有序状态的措施。③

第三,数字图书馆信息生态系统评价及生态化程度测评研究。薛卫双从系统结构、系统活动及服务力三个层面构建了数字图书馆信息生态系统健康评价体系,④ 并构建了高校数字图书馆信息生态系统健康评价体系数学模型⑤。凌宇飞等认为数字图书馆信息生态评价要素主要包括数字资源种类及数量、信息主体要素相关性以及评价目标的明确与可发展性。⑥ 李彦等采用德尔菲法和层次分析法,以数字图书馆信息、信息人、信息环境、系统协同以及可持续发展潜力为指标构建了数字图书馆信息生态化程度的测度指标体系。⑦ 谢人强等基于信息生态的视角从信息人、信息、信息技术、信息环境等要素出发,构建了数字图书馆网站信息服务生态性评价指标体系,并采用粗糙集和条件信息熵的方法确定了指标的权重。⑧ 国

---

① 刘君霞,郭沛涌.信息生态系统在高校数字图书馆建设中的应用思考[J].情报探索,2009(1):34-35.

② 王瑶,金明生.基于信息生态系统的数字图书馆运行机制优化及动态平衡控制[J].情报杂志,2012,31(2):153-156.

③ 王瑶,金明生.数字图书馆信息生态系统耗散结构的有序性研究[J].情报理论与实践,2012,35(5):33-35.

④ 薛卫双.高校数字图书馆信息生态系统评价体系构建研究[D].曲阜师范大学,2012.

⑤ 薛卫双.高校数字图书馆信息生态系统健康评价研究[J].情报科学,2014,32(5):97-101.

⑥ 凌宇飞,周柳丽.浅析信息生态视角下的数字图书馆评价[J].兰台世界,2014(17):123-124.

⑦ 李彦,胡漠,王艳东.公共数字图书馆信息生态化程度测评研究[J].情报科学,2015,33(2):35-40.

⑧ 谢人强,叶福兰.数字图书馆网站信息服务生态性评价及实证研究[J].图书馆工作与研究,2018(7):74-80.

内学者们近几年才开始关注数字图书馆信息生态系统评价，且研究主要集中在评价指标体系构建及评价方法运用等方面。

（2）数字图书馆信息生态链研究

国外并没有明确提出"数字图书馆信息生态链"这一概念，也没有数字图书馆信息生态链的相关研究。相比于数字图书馆信息生态系统，目前国内学者对数字图书馆信息生态链的研究较少，且主要是对图书馆信息生态链概念、结构、形成及运行机制的探讨。程彩虹等对数字图书馆信息生态链的概念和结构进行了分析，认为数字图书馆信息生态链是存在于数字图书馆与信息生产者和用户间的链式关系，由节点、链接及节点关系三要素构成，主要包括单链型和汇聚链型两类数字图书馆信息生态链。[①] 与程彩虹等观点较为一致，高玉萍认为数字图书馆信息生态链是用户与信息提供商之间以数字图书馆为信息中心形成的信息流转交互关系，主要由节点、链接以及节点间关系三大要素构成，并提出了数字图书馆信息生态链的优化原则与方法。[②] 不同于以上学者，魏傲希则提出数字图书馆信息生态链是信息生产者、信息消费者、信息传递者以及信息分解者以数字图书馆为核心进行信息传递所形成的链式依存关系，数字图书馆信息生态链包括信息、信息种群和信息环境三大组成要素。魏傲希还运用系统动力学方法分析了数字图书馆信息生态链的运行机制。[③] 赵生辉等认为多语言数字图书馆生态链以满足多语言用户需求为目的，由信息传播者、信息收集者、信息聚合者、语言服务提供者、信息技术提供者在信息政策制定者、语言政策制定者共同构建的制度框架内，相互合作实现多语言资源配置的结构。[④]

---

① 程彩虹，陈燕方，毕达宇. 数字图书馆信息生态链结构要素及结构模型[J]. 情报科学，2013，31(8)：15-18，22.

② 高玉萍. 数字图书馆信息生态链的构建与优化研究[J]. 河南图书馆学刊，2015，35(9)：109-111.

③ 魏傲希. 基于系统动力学分析的数字图书馆信息生态链运行机制研究[D]. 吉林大学，2015.

④ 赵生辉，胡莹. 多语言数字图书馆信息生态链的结构、类型及启示[J]. 图书馆理论与实践，2020(3)：73-78.

李颖等指出数字图书馆在信息生态链中起到中介作用，获取来自知识生产者的知识，通过研究学习平台、课程编创平台、行业知识服务平台、情报收集分析挖掘加工传递给知识服务用户，同时再将知识服务用户的知识需求和评价反馈反向传递给知识生产者。[①]

结合目前我国学者对数字图书馆信息生态链的已有研究，可以看出学者们对以下观点较为认同：一是数字图书馆信息生态链主要由不同信息人之间围绕数字图书馆进行信息流转活动而形成链式依存关系；二是数字图书馆始终占据数字图书馆信息生态链的核心节点。

（3）数字图书馆生态化建设研究

信息生态理论已渗透到数字图书馆建设和管理的各个方面。目前，学者们对数字图书馆生态化建设的研究多集中在数字信息资源建设、数字信息服务以及建设体制与环境等层面。

第一，数字图书馆数字信息资源生态化建设研究。林泽斐提出了数字图书馆数字资源整合的四大生态特征，并从资源、技术以及组织管理层面提出数字资源整合生态环境下数字图书馆发展战略。[②] 李伟伟提出构建公共图书馆馆藏数字资源生态管理模式的原则、措施，并从政策保障和质量管理层面提出构建数字资源生态管理模式的保障机制。[③] 刘玉婷等从信息生态系统视角出发，从优化信息资源、优化信息节点和优化信息传递通道等方面探讨了数字图书馆资源优化配置策略。[④] 吴绮云从信息生态理论出发，分析了当前数字图书馆信息主体性缺失、资源分布不均等信息生态失衡现状，并从服务方向定位、社会需求、采购决策、用户反馈、馆际互动

① 李颖，孔泳欣. 基于信息生态链的数字图书馆知识服务能力模型构建与解析研究［J］. 图书馆学研究，2021（9）：70-76.

② 林泽斐. 图书馆 2.0 环境下的数字资源整合生态研究［D］. 福建师范大学，2009.

③ 李伟伟. 公共图书馆馆藏数字资源的生态管理模式研究［J］. 河北科技图苑，2015，28（3）：23-26.

④ 刘玉婷，姚慧君. 信息生态系统视角下的数字图书馆资源优化配置［J］. 山西档案，2018（3）：123-125.

等方面探讨了图书馆引入信息生态理论优化资源配置的可行方法。①

　　第二，数字图书馆数字信息服务生态化建设研究。①数字图书馆微信服务生态建设研究。肖秋红针对大学生信息用户的多元信息需求设计构建了微信数字咨询服务生态模型。② 马卓等基于信息生态视角构建数字图书馆微服务评价指标体系，为数字图书馆利用微信息技术更好地进行生态化建设提供参考。③ ②数字图书馆网站、平台生态建设研究。Jacquelyn Marie Erdman 在其书中阐明了网站开发流程，该书为图书馆和信息科学领域的专业人士开发稳定、高效、有用的网站提供了参考。④ 王晰巍等运用层次分析法从信息生态视角出发，构建了数字图书馆搜索引擎优化指标，以此指导数字图书馆网站利用搜索引擎优化技术更好地进行生态化建设。⑤ 薛佩伟从应用平台和服务载体论述了信息生态视阈下数字图书馆信息协同服务模式的构建，并提出两大优化措施以及三大保障机制。⑥ 沈丹提出在数字化信息背景下，应根据信息生态平衡理论从内外部环境着手进行公共图书馆的服务和建设优化，内部环境包括信息资源、信息节点、服务内容，外部环境包括监管制度、多终端 App 开发，与外界电子资源相辅相成。⑦ Guyue 分析了高校图书馆数据服务环境并建立图书馆数据服务环境优化模型，利用该模型整合高校图书馆数据服务环境信息，形成"内容交互"环境

① 吴绮云．信息生态理论视域下数字图书馆馆藏资源优化配置研究［J］．农业图书情报学刊，2018，30(9)：38-41.

② 肖秋红．高校图书馆微信数字参考咨询生态模型设计与实施［J］．图书馆学研究，2014(12)：85-88.

③ 马卓，郭沫含．基于信息生态视角的数字图书馆微服务评价研究［J］．图书馆学研究，2016(22)：25-31.

④ Erdman J M. Library Web Ecology：What you need to know as web design coordinator［M］．Oxford：Chandos Publishing, 2009.

⑤ 王晰巍，赵丹，魏骏巍，邢云菲．数字图书馆网站搜索引擎优化指标及实证研究——基于信息生态视角的分析［J］．情报理论与实践，2015，38(11)：46-51.

⑥ 薛佩伟．信息生态视阈下数字图书馆信息协同服务模式研究［J］．中国中医药图书情报杂志，2018，42(1)：35-38.

⑦ 沈丹．公共数字文化信息生态系统下图书馆建设的优化［J］．数字技术与应用，2022，40(6)：96-98.

模式，从而完成高校图书馆数据服务环境优化。①

第三，其他层面数字图书馆生态化建设研究。陈静等通过对数字图书馆知识生态体系各组成要素分析提出了知识生态视野下数字图书馆发展战略。② 赵玉冬从信息生态位理论视角出发论述了数字图书馆信息功能生态位、信息资源生态位和信息时空生态位优化的方向和措施，同时强调了信息人在信息生态位优化中的主体作用。③ 徐妹等借鉴生态学观点探讨了数字图书馆技术生态的内涵、特征，以及数字图书馆技术生态协同演化机制的发展。④ 蔡振华采用关联规则挖掘方法对我国高校数字图书馆生态化建设进行分析，并从多个层面对生态图书馆建设中可能出现的问题提出了相应的解决措施与建议。⑤ 程济研究了信息生态对于提高高校数字图书馆信息服务质量的作用以及将信息生态理论应用于高校数字图书馆信息服务的可行性。⑥ 刘磊等从信息生态、信息需求和利益相关者理论分析入手，提出泛在信息生态下基于需求的图书馆数字资源政策构建策略。⑦ 范铁军阐释了我国高校生态化数字图书馆的概念及特征，并从环境建设、生态化建设和管理等方面探讨了高校数字图书馆生态化建设的途径和策略。⑧ 徐子冰分析了数字赋能孪生图书馆生态系统建设的应用场景并构建了生态系

① Ma G. Research on the optimization of university library data service environment based on information ecology[J]. Fresenius Environmental Bulletin, 2021, 30(4 A): 4507-4514.

② 陈静，郑建明. 知识生态视野下的数字图书馆建设[J]. 图书馆，2012(6): 39-41.

③ 赵玉冬. 信息生态位视角下数字图书馆的优化与发展[J]. 图书馆工作与研究，2013(2): 9-12.

④ 徐妹，张雪艳. 数字图书馆技术生态协同演化机制研究[J]. 图书馆学研究，2014(7): 38-42.

⑤ 蔡振华. 我国高校数字图书馆生态化建设研究[D]. 西北农林科技大学，2016.

⑥ 程济. 基于信息生态视角的高校数字图书馆信息服务研究[J]. 求知导刊，2016(3): 42-43.

⑦ 刘磊，胡曦玮，倪峰. 泛在信息生态下基于需求的图书馆数字资源建设政策构建[J]. 图书馆理论与实践，2016(8): 1-6.

⑧ 范铁军. 高校数字图书馆生态化建设的探索与思考[J]. 兰州教育学院学报，2018, 34(4): 61-62, 65.

统，提出孪生图书馆生态系统优化策略。[①]

1.3.2　网络信息生态链价值研究现状

从现有文献资料来看，国外尚未有"网络信息生态链"这一说法，因此国外几乎没有直接研究网络信息生态链价值的文献，但有部分文献涉及网络信息生态链价值创造、价值增值及价值平衡中的某些观点。而随着国内网络信息生态理论的发展成熟，国内学者们近几年开始关注网络信息生态链价值研究，其研究对象主要是一般网络信息生态链价值以及商务网络信息生态链价值，研究内容主要涉及网络信息生态链价值基础理论、网络信息生态链价值创造与增值以及网络信息生态链价值平衡等方面。

（1）网络信息生态链价值基础理论研究

国内学者主要从网络信息生态链的内涵、属性及维度等方面进行探析。杨小溪较早且全面地阐释了网络信息生态链价值的概念与类型，认为网络信息生态链价值是网络信息生态链通过满足社会经济、政治、文化等方面活动需要而为自身带来的经济价值以及文化、素质、形象等非经济价值，并从价值形式、范围、形成方式及共享程度等方面对网络信息生态链价值进行了分类。[②] 基于杨小溪提出的网络信息生态链价值的概念及类型，许职阐释了电子商务生态链价值的内涵，[③] 娄策群等[④]和张苗苗[⑤]分别探析了网络信息生态链和公安网络信息生态链共生利益的概念和类型，而高鹏等[⑥]和刘月

---

①　徐子冰.数字赋能孪生图书馆生态系统研究[J].大学图书情报学刊，2022，40（3）：3-7.

②　杨小溪.网络信息生态链价值管理研究[D].华中师范大学，2012：40-44.

③　许职.电子商务生态链价值增值研究[D].华中师范大学，2015：12.

④　娄策群，张苗苗，庞靓.网络信息生态链运行机制研究：共生互利机制[J].情报科学，2013，31（10）：3-9，16.

⑤　张苗苗.公安网络信息生态链共生互利研究[D].华中师范大学，2015：37.

⑥　高鹏，毕达宇，娄策群.信息内容服务产业链利益冲突与利益平衡[J].情报杂志，2014，33（2）：144-148，127.

学①则分别对信息内容服务产业链和图书馆信息服务生态链价值的概念进行了界定。张海涛等结合多门学科知识，从多个角度深入剖析了商务网络信息生态链价值的内涵、属性以及维度，认为商务网络信息生态链价值是指各商务网站节点之间通过信息技术的支撑，在满足经济、文化和社会生活等需要的前提下，使信息在节点之间高速、有序运转的一种属性形式，试图使商务网站中的各个节点之间达到相互配合，从而获取经济、社会和生态等多方面的能效。②孟静等③在此基础上阐释了农业网络信息生态链价值的内涵。许孝君等构建了全域旅游网络信息生态链的价值概念模型。④

虽然学者们的研究对象涉及公安、商务、农业等不同类型网络信息生态链的价值，但对以下两点基本达成共识，一是网络信息生态链的价值不仅包括经济价值也包括素质、形象、生态等非经济价值，二是网络信息生态链的价值是链内节点及链自身带来的价值。

（2）网络信息生态链价值创造及增值研究

网络信息生态链价值创造及增值的研究热点主要集中在价值创造的动因、价值创造及增值的途径、价值增值的影响因素等方面。

第一，网络信息生态链价值创造的动因。张连峰等⑤和魏毓璟⑥认为商务网络信息生态链价值形成的主观动因是信息主体自身发展的需要及其相互博弈的结果，以及信息势能和动能的提高；客观动因是消费者需求和

① 刘月学. 图书馆信息服务生态链的价值增值研究［J］. 图书馆研究，2017，47（3）：12-18.

② 张海涛，徐海玲，王丹，唐诗曼. 商务网络信息生态链价值：基本框架及其概念模型［J］. 情报理论与实践，2018，41（9）：12-17.

③ 孟静，唐研，徐淑良，孔庆富，王磊. 农业网络信息生态链价值创造与过程优化策略研究［J］. 农业图书情报学刊，2018，30（11）：19-23.

④ 许孝君，赵子英，王露. 全域旅游网络信息生态链价值概念初探［J］. 财富生活，2019（20）：81-82.

⑤ 张连峰，张海涛，孙思阳，孙鸿飞. 商务网络信息生态链耗散结构分析与价值形成机理研究［J］. 图书情报工作，2016，60（24）：69-75.

⑥ 魏毓璟. 商务网络信息生态链价值协同创造机理研究［D］. 吉林大学，2016：35-38.

价值需求的增长、信息理论和信息技术的创新以及外部信息环境的变化和影响。张海涛等提出价值最大化目标、节点企业核心能力、节点企业关系及节点企业生态位重叠是商务网络信息生态链价值创造的动力,而信息和能量损耗、环境要素和顾客价值是价值创造动因。①

第二,网络信息生态链价值创造及增值的途径。国外学者 Grönroos C、Sheth J N 以及 Schau H J 等普遍认为在价值创造的过程中,每一个参与者都会对整体价值形成发挥重要作用,并且产品的消费者通过消费体验②、与企业的互动③、消费者之间的互动④都可以实现产品的价值增值。杨小溪认为网络信息生态链价值创造的三大基本途径为寻求链的新价值创造点、提高链原价值创造量以及降低链投入价值数量,而整链价值创造的形式主要包括协同工作、资源互补、交易共生以及资源共享。⑤ 娄策群等阐释了资源积累、提升能力、更新技术、改进管理、重组流程等十种网络信息生态链价值增值主要方式。⑥ 许职从增强链的节点协同程度和优化链的信息流转效率两方面分析了电子商务生态链价值增值途径。⑦ 张海涛等提出组织协同、资源协同以及战略协同是商务网络信息生态链价值创造的主要途径⑧。孙鸿飞等基于协同学理论研究发现商务网络信息生态链的各构成要素在其自组织演化过程中依靠链内部协同机制的作用,形成了价值序

① 张海涛,王丹,徐海玲,孙思阳.基于价值网络的商务网络信息生态链价值协同创造机理研究[J].情报理论与实践,2018,41(9):25-30,11.

② Grönroos C. Service logic revisited:who creates value? And who co-creates? [J]. European Business Review,2008,20(4):298-314.

③ Sheth J N,Sisodia R S,Sharma A. The antecedents and consequences of customer-centric marketing[J]. Journal of the Academy of M arketing Science,2000,28(1):55-66.

④ Schau H J,Muñiz,A M,Arnould E J. How Brand Community Practices Create Value[J]. Journal of Marketing,2009,73(5):30-51.

⑤ 杨小溪.网络信息生态链价值管理研究[D].华中师范大学,2012:51-66.

⑥ 娄策群,杨小溪,曾丽.网络信息生态链运行机制研究:价值增值机制[J].情报科学,2013,31(9):3-9.

⑦ 许职.电子商务生态链价值增值研究[D].华中师范大学,2015:34-35.

⑧ 张海涛,王丹,徐海玲,孙思阳.基于价值网络的商务网络信息生态链价值协同创造机理研究[J].情报理论与实践,2018,41(9):25-30,11.

参量并在其驱动下创造了价值。① 张连峰等研究发现商务网络信息生态链价值形成模式的演化路径为：价值链→价值星系→价值网。② 张海涛等③和孟静等④分析得出网络信息生态链是一条依靠链上各节点的内部信息流转实现价值的创造和增值价值链。张海涛等构建商务网络信息生态链价值流动 GERT 网络模型，并揭示了其价值流动及价值增值过程的内在机理。⑤

第三，网络信息生态链价值增值的影响因素。娄策群等⑥、许职⑦和刘月学⑧认为节点的价值创造能力及其目标定位、网络信息生态链的协同状况及链内价值分配、其他网络信息生态链及网络信息生态环境均会影响网络信息生态链价值增值。王丹分别从商务网站和价值星系两方面解析了商务网络信息生态链价值创造影响因素。⑨ 杨逐原等提出网络劳动者的劳动主体性及其主体性劳动对网络信息生态链价值增值的作用明显。⑩ 张海涛等构建了商务网络信息生态链价值协同创造过程模型，并通过模糊集理论 DEMATEL 法对标识别出包括顾客满意度、信息可靠性、信息技术的适

① 孙鸿飞，张海涛，宋拓，张连峰．商务网络信息生态链自组织演化机理与价值协同创造研究[J]．图书情报工作，2016，60(17)：12-19．

② 张连峰，张海涛，孙思阳，孙鸿飞．商务网络信息生态链耗散结构分析与价值形成机理研究[J]．图书情报工作，2016，60(24)：69-75．

③ 张海涛，徐海玲，王丹，唐诗曼．商务网络信息生态链价值：基本框架及其概念模型[J]．情报理论与实践，2018，41(9)：12-17．

④ 孟静，唐研，徐淑良，孔庆富，王磊．农业网络信息生态链价值创造与过程优化策略研究[J]．农业图书情报学刊，2018，30(11)：19-23．

⑤ 张海涛，李题印，徐海玲，孙鸿飞．商务网络信息生态链价值流动的 GERT 网络模型研究[J]．情报理论与实践，2019，42(9)：35-40，51．

⑥ 娄策群，杨小溪，曾丽．网络信息生态链运行机制研究：价值增值机制[J]．情报科学，2013，31(9)：3-9．

⑦ 许职．电子商务生态链价值增值研究[D]．华中师范大学，2015：31-34．

⑧ 刘月学．图书馆信息服务生态链的价值增值研究[J]．图书馆研究，2017，47(3)：12-18．

⑨ 王丹．商务网络信息生态链价值模型研究[D]．吉林大学，2016：32-35．

⑩ 杨逐原，周翔．网络信息生态位视域下网络劳动者的主体性与价值增值分析[J]．西南民族大学学报(人文社科版)，2016，37(2)：153-160．

用性等8项关键性影响因素。① 刘雅姝等基于有限理论假设，运用演化博弈模型发现消费者较强的参与程度、商务网站/分销商良好的品牌形象、以政府为主导的外部环境因素的促进作用和按贡献度分配模式能够有效激发合作的积极性，促进商务网络信息生态链价值协同创造稳定发展。② 任亮等构建商务网络信息生态链价值流动模型，基于电子商务四流视角下挖掘价值流动的影响因素，并确定了影响商务网络信息生态链价值流动的9大关键因素。③

（3）网络信息生态链价值平衡研究

杨小溪是较早对网络信息生态链价值平衡相关问题进行研究的学者，她对价值分配过程中公平性、效率性和整体性三大价值分配原则的提出为网络信息生态链价值平衡问题的研究奠定了一定理论基础。④ 从现有成果来看，目前学者们直接对网络信息生态链价值平衡的研究较少，主要是对网络信息生态链共生互利、利益协调等问题展开探究。

第一，网络信息生态链共生互利研究。国外学者 Teresa Doménech 等⑤和 Mirata M 等⑥认为不同类型的主体之间可以形成一种长期的合作共生关系，并通过物质、能量、信息、人力等资源的交换和共享表现出来，且学者们普遍认为共生关系及共生利益的合理协调可以减低企业的生产成本，

①　张海涛，任亮，刘雅姝，魏明珠. 商务网络信息生态链价值协同创造的关键影响因素识别研究［J］. 现代情报，2019，39（6）：16-23，58.

②　刘雅姝，张海涛，任亮，李题印. 商务网络信息生态链价值协同创造的演化博弈研究［J］. 情报学报，2019，38（9）：932-942.

③　任亮，张海涛，刘雅姝，李题印. 商务网络信息生态链价值流动的关键影响因素识别研究［J］. 情报学报，2019，38（9）：921-931.

④　杨小溪. 网络信息生态链价值管理研究［D］. 华中师范大学，2012.

⑤　Teresa Doménech，Davies M. The role of Embeddedness in Industrial Symbiosis Networks：Phases in the Evolution of Industrial Symbiosis Networks［J］. Business Strategy & the Environment，2011，20（5）：281-296.

⑥　Mirata M，Emtairah T. Industrial symbiosis networks and the contribution to environmental innovation［J］. Journal of Cleaner Production，2005，13（10）：993-1002.

实现 1+1>2 的经济效益，提高企业竞争力，促进社会可持续发展；①②③
可以确保社会系统和自然系统的和睦共存、互利互惠、协同进化和发展，
克服由于主体自身的局限性所产生的约束限制。④ 国内学者们主要是对网
络信息生态链共生互利标准及其影响因素进行研究。①网络信息生态链共
生互利的标准。张苗苗认为主体利益诉求种类得到满足、主体所获利益量
客观以及利益分配公平是公安网络信息生态链共生互利的三大标准。⑤ ②
网络信息生态链共生互利的影响因素。娄策群等详细分析了网络信息生态
链共生互利的影响因素，即共生主体利益诉求结构、共生利益的数量和类
型、共生主体的相对位置、共生主体间的能力差异、共生主体间的协同形
式、链的共生组织模式。⑥ 张苗苗认为共生主体的利益诉求、共生主体的
能力、共生主体间的共生程度及共生互利的信息环境是公安网络信息生态
链共生互利的主要影响因素⑦。

　　第二，网络信息生态链利益协调研究。主要对网络信息生态链利益冲
突及利益协调方式进行研究。高鹏等从物质利益和精神利益视角入手探讨
了信息内容服务产业链内同类利益主体间的利益冲突和异类利益主体间的

---

① Shumate M, O'Conno R A. The symbiotic sustainability model：conceptualizing NGO-corporate alliance communication [J]. Journal of communication, 2010, 60(3)：577-609.

② Danielc E. Industrial ecology and competitiveness：strategic implications for the firm [J]. Journal of industrial ecology, 1998, 2(1)：35-43.

③ Ding Y Y. Symbiotic relationship between smart enterprises in an entrepreneurial ecosystem[J]. Enterprise Information Systems, 2022, 16(3)：494-507.

④ Varadarajan P R, Rajaratnam D. Symbiotic Marketing Revisited [J]. Journal of Marketing, 1986, 50(1)：7-17.

⑤ 张苗苗. 公安网络信息生态链共生互利研究[D]. 华中师范大学, 2015：46-48.

⑥ 娄策群, 张苗苗, 庞靓. 网络信息生态链运行机制研究：共生互利机制[J]. 情报科学, 2013, 31(10)：3-9, 16.

⑦ 张苗苗. 公安网络信息生态链共生互利研究[D]. 华中师范大学, 2015：49-52.

利益冲突,① 并从链内主体、链外主体及法律法规三个角度提出信息内容服务产业链利益协调的途径②。张苗苗等认为公安网络信息生态链内情报共享利益冲突主要分为主体利益诉求与共创利益分配冲突、主体间偏利共创利益冲突和主体间偏害共创利益冲突,③ 可以从构建完善约束激励制度、营造良好公安文化氛围、促进先进信息技术开发三方面来优化共生利益形成,促进链内利益协调④。肖燕珠从数字出版产业链的角度分析图书馆与数字出版机构的合作关系,探究图书馆与数字出版机构合作过程中存在的资源定价、市场竞争与版权保护方面的利益冲突问题,并提出利益平衡机制下双方建立战略合作伙伴关系的相应策略。⑤

1.3.3　数字图书馆相关信息主体间价值平衡研究现状

由国内外文献检索结果可知,目前直接从信息生态链的视角研究数字图书馆信息生态链价值平衡的文献几乎没有。于是笔者转换思路,探寻数字图书馆相关信息主体(信息生产者、数字出版商、数据库商、数字图书馆、信息用户)间的价值或利益平衡关系,以便为数字图书馆信息生态链价值平衡研究提供参考和借鉴。通过梳理相关文献发现,数字图书馆相关信息主体间价值平衡研究主要集中在数字图书馆、版权人、读者之间的价值平衡以及数字图书馆与数字出版机构合作的价值平衡两方面。

(1)数字图书馆、版权人、读者之间的价值平衡研究

国内外学者主要是从版权利益平衡角度对数字图书馆、版权人、读者

① 高鹏,毕达宇,娄策群.信息内容服务产业链利益冲突与利益平衡[J].情报杂志,2014,33(2):144-148,127.

② 高鹏,娄策群.信息内容服务产业链利益协调的原则与途径[J].情报科学,2015,33(10):11-15,46.

③ 张苗苗,毕达宇.价值共创视角下公安情报共享利益冲突研究[J].情报杂志,2018,37(9):32-37.

④ 张苗苗,毕达宇,娄策群.警务情报共享中共生利益形成机制及优化对策研究[J].图书情报工作,2016,60(14):135-141.

⑤ 肖燕珠.基于利益平衡机制的图书馆与数字出版机构合作研究[J].图书馆工作与研究,2018(1):67-71.

之间的价值平衡问题展开研究。版权平衡的本质是创作者、传播者与使用者三者关系的平衡，是个人利益与公众利益之间的平衡。① 国内外学者们对数字图书馆版权价值平衡问题的研究思路主要是：首先对数字图书馆版权价值平衡现状进行分析，然后提出数字图书馆版权价值平衡的实现途径。

第一，数字图书馆版权价值平衡现状研究。Wm. Joseph Thomas② 和 Maitrayee Ghosh③ 从信息资源建设、信息资源传递角度较为全面深入地分析了数字图书馆遇到的版权问题。Theresa L 和 Thomas B 指出了图书馆在版权方面的问题，并出于促进图书馆利益相关者和谐的目的对加纳学术图书馆版权传播的基础设施进行了评估。④ 许波从信息资源建设、信息传播、信息服务三个角度分析了目前数字图书馆存在的版权问题。⑤ 徐敏韬探讨了数字图书馆对版权人、传统图书馆以及读者现有权利的影响。⑥ 张佩欣深入分析了数字图书馆、著作权人与传播者三方利益平衡问题及其原因。⑦

第二，数字图书馆版权价值平衡的实现途径研究。①进行法律法规调整。国外学者 John R. Garrett 最早对数字图书馆版权问题进行了研究，指出在数字时代，版权为了适应时代发展需在所有制结构、特许版权使用费等方面做出调整。⑧ Schovsbo 指出从著作权法的规则看，消费者的利益已

①　华海英. 图书馆版权平衡理论研究[D]. 华中师范大学，2003：3.

②　Thomas W J. The Structure of Scholarly Communications Within Academic Libraries [J]. Serials Review, 2013, 39(3)：167-171.

③　Ghosh M. Transforming our libraries, ourselves：ALA in Las Vegas — a brief outline with focus on international programs[J]. Library Hi Tech News, 2015, 32(2)：17-19.

④　Adu T L, van der Walt T B. An evaluation of copyright communication infrastructure：Fostering stakeholder harmony in academic libraries in Ghana[J]. The Journal of Academic Librarianship, 2021, 47(5)：99-133.

⑤　许波. 基于适度保护原则的数字图书馆版权保护对策研究[D]. 黑龙江大学，2007.

⑥　徐敏韬. 论数字图书馆中的版权利益平衡[J]. 知识产权，2000(4)：20-22.

⑦　张佩欣. 数字图书馆著作权保护利益冲突与平衡问题分析[J]. 中文科技期刊数据库(全文版)社会科学，2023(3)：0193-0196.

⑧　Pike G H. Fun With Copyright[J]. Information Today, 2008, 25(8)：17-19.

经几乎不存在，需要把消费者的利益放到版权中分析，建议重新调整版权
人在版权利益平衡中的位置，以便照顾到用户的利益。在具体的层面上，
建议改变版权的限制规则，便于重复复制和使用作品，但要加强对私人复
制规则的制定。① Nicholas Joint 指出美国和英国版权法抑制了传统纸质资
源向数字化迁移，应当做出调整以适应数字化环境。② Trevor C 指出虽然图
书馆界认为版权法的例外规定应被看作是公众的权利和私权利的平衡，但
是版权法律似乎更加倾向保护版权人的权利，通过版权例外和限制，可以
实现图书馆版权利益平衡。③ Judith 指出需要从政策制定者的角度来研究版
权利益平衡，在确定所有利益相关者之间的平衡之前，要着眼于合法化的
私人复制，并制定相关的法律条令。④ 马海群等在系统揭示数字图书馆信
息资源开发利用的各种社会价值的基础上，分析了我国现行著作权制度对
这些价值实现的制约因素，并由此提出应提高著作权法律制度的效率。⑤
周丽霞等认为作者的版权垄断和数字图书馆与作者的利益分配是数字图书
馆与作者之间的主要冲突，只有在尊重著作权的前提下进行合作才能达到
两者利益最大化，⑥ 并且第一次提出默示许可制度对版权平衡的重要性⑦。
②坚持合理使用与版权适度原则。Olson K K 对合理使用是否仍能成为平衡

---

① Schovsbo J. Integrating Consumer Rights into Copyright Law：From a European Perspective[J]. Journal of Consumer Policy，2008，31(4)：393-408.

② Joint N. Is digitisation the new circulation?：Borrowing trends，digitisation and the nature of reading in US and UK libraries[J]. Library Review，2008，57(2)：87-95.

③ Trevor C. Balancing Copyright and Library Right in a Digital Age[EB/OL]. [2021-5-20]. http：//americanlibrariesmagazine. org/global-reach/ Balancing Copyright and Library Right in a Digital.

④ Judith Sullivan. How we government meet the challenges of balance effective copyright protection in the digital age against the needs of users？[EB/OL]. [2018-11-20]. http：//copyright-debate. co. uk/？p=189.

⑤ 马海群，严雯. 数字图书馆信息资源开发利用的社会价值与制约因素分析[J]. 图书与情报，2009(1)：50-54.

⑥ 周丽霞，王萍. 数字图书馆与作者的博弈生存[J]. 情报理论与实践，2011，34(3)：35-38.

⑦ 周丽霞. 数字图书馆版权获取研究[D]. 吉林大学，2011：1-67.

版权人利益与公共利益的一种有效手段开展研究。① Law F C 探讨了合理使用原则下，版权法对个人权利的保护，并举出许多实际例子：一些创作者群体，包括纪录片制作人、音响师和媒体扫盲教师都利用著作权的合理使用，找出最佳利用原作品中的代码用法。② 马海群同样从"适度"原则出发，探讨了如何平衡公益性数字图书馆同版权人以及读者之间的权益。③ ③技术手段途径。美国图书馆协会技术中心发明了"数字滑动器"，帮助科研工作人员"合理使用"在版权保护期内的作品，避免侵权责任发生。④ 刘云等⑤、黄霞丽等⑥、刘可静等⑦、卜亚男⑧、李振东⑨、林良金⑩、秦珂⑪均从技术角度出发探寻了版权价值平衡应对方案。④其他途径。Mahesh 等认为针对数字图书馆版权平衡问题，应当将数字图书馆的内容进行分类，对

① Olson K K. Preserving the Copyright Balance: Statutory and Constitutional Preemption of Contract-Based Claims[J]. Communication Law & Policy, 2006, 11(1): 83-132.

② Law F C, Webinars E L, Webinars, et al. Copyright Balance and Fair Use in Networked Learning: Lessons from Creators' Codes of Best Practices[EB/OL]. [2021-1-21]. https://library.educause.edu/resources/2009/1/copyright-balance-and-fair-use-in-networked-learning-lessons-from-creators-codes-of-best-practices.

③ 马海群. 面向数字图书馆的著作权制度创新[M]. 知识产权出版社, 2011: 2-3.

④ Pike G H. Fun With Copyright[J]. Information Today, 2008, 25(8): 17-19.

⑤ 刘云, 刘东苏, 任志纯. 数字水印技术在数字图书馆版权保护中的应用[J]. 情报杂志, 2002(9): 29-30.

⑥ 黄霞丽, 雷蕾. 数字水印——数字图书馆版权保护的新方向[J]. 江苏图书馆学报, 2002(6): 22-23.

⑦ 刘可静, 杨小溪. XrML 在数字图书馆版权保护与利益平衡中的运用探析[J]. 情报理论与实践, 2006(2): 179-181.

⑧ 卜亚男. 混沌加密技术与数字图书馆版权保护[J]. 农业图书情报学刊, 2008(7): 52-54.

⑨ 李振东. 区块链技术: 图书馆数字版权管理的新工具[J]. 图书馆工作与研究, 2020(6): 76-80.

⑩ 林良金. 基于区块链技术的高校数字图书馆数字版权交易保障策略研究[J]. 图书馆工作与研究, 2021(10): 38-43, 51.

⑪ 秦珂. 理性认识现阶段区块链技术对于图书馆数字版权管理的价值[J]. 图书馆建设, 2021(2): 75-82.

不同的信息来源以及信息类型采取不同的版权保护措施。① Christine 认为图书馆作为版权和读者的中介，应起到更好的平衡作用。② 任宁宁指出公益性数字图书馆之所以有版权问题，主要是"著作权法"的限制，其利益的天平倾向于版权人，而弱化了图书馆与广大读者的利益，从版权利益平衡的角度，可以通过法律、技术、政策等手段使三者之间的利益达到平衡。③章怡分析了音乐数字图书馆数字版权保护存在的问题，提出了提升音乐数字图书馆馆员数字版权保护素养、利用新媒体技术加强用户教育等加强版权保护工作的措施。④ 周熙莹试图从经济学、法学以及实践的角度分析引入著作权延伸性集体管理制度解决数字图书馆版权授权问题是否具备合理性，并提出对该制度进行本土化改造的措施，以减少制度变迁的成本，推动数字图书馆等数字化新兴主体的发展。⑤

(2)数字图书馆与数字出版机构合作的价值平衡研究

数字出版商是数字图书馆信息生态链中一类重要信息主体。数字图书馆在与数字出版机构合作时，难免会出现价值冲突。不少学者对数字图书馆与数字出版机构的竞争、合作、博弈关系展开了较为全面的研究。相比而言，关于数字图书馆与数字出版机构合作中的价值冲突及价值平衡问题研究较少。董伟认为通过内容合理定价、统一资源标准、开放资源获取等策略，可实现数字出版平台与图书馆跨界合作的协同共赢。⑥ 肖燕珠从数

① Mahesh G, Mittal R. Digital content creation and copyright issues[J]. Electronic Library, 2009, 27(4): 676-683.

② Christine L H. Christine Lind Hage[J]. American Libraries, 2016, 47(3): 12.

③ 任宁宁. 我国公益性数字图书馆版权利益冲突的现状及其对策研究[J]. 情报资料工作, 2010, 31(2): 102-108.

④ 章怡. 音乐数字图书馆数字版权保护研究[J]. 图书馆工作与研究, 2022(9): 77-82.

⑤ 周熙莹. 数字图书馆版权授权制度的检视与完善——著作权延伸性集体管理制度的引入与构建[J]. 山东图书馆学刊, 2022(4): 42-47.

⑥ 董伟. 数字出版平台与图书馆跨界合作的利益冲突、链式逻辑与协同路径[J]. 出版广角, 2018(19): 42-44.

字出版产业链的角度分析图书馆与数字出版机构的合作关系,以博弈论为理论基础,探究图书馆与数字出版机构合作过程中存在的资源定价、市场竞争与版权保护方面的利益冲突问题,并提出利益平衡机制下双方建立战略合作伙伴关系的相应策略。[①] 于永丽发现数字出版机构与数字图书馆在资源、服务、用户等方面存在的恶性竞争与利益冲突问题日益凸显,于是基于数字出版产业链探讨合作路径,认为可以在产业链的上中下游分别基于内容、技术和市场进行合作。[②]

1.3.4 研究现状评析

通过对数字图书馆信息生态相关研究文献的梳理发现,国外对数字图书馆信息生态相关研究较少,主要研究数字图书馆生态系统的概念、构成、生态化建设等方面。从已有成果来看,国外并没有明确提出"数字图书馆信息生态链"这一概念,亦没有数字图书馆信息生态链的相关研究。国内关于数字图书馆信息生态的研究成果较为丰富,主要集中在数字图书馆信息生态系统、数字图书馆信息生态链、数字图书馆生态化建设三个方面。国内学者主要从概念、结构、运行机理等基本理论层面对数字图书馆信息生态链进行研究。目前,尚未有学者对数字图书馆信息生态链的价值平衡问题进行研究。

网络信息生态链价值研究方面,国外尚未有"网络信息生态链"这一说法,因此国外几乎没有直接研究网络信息生态链价值的文献,但有部分文献涉及网络信息生态链价值创造、价值增值及价值平衡中的某些观点。国内学者们近几年对网络信息生态链价值的关注度较高,其研究对象主要是一般网络信息生态链价值以及商务网络信息生态链价值,研究内容主要涉

---

① 肖燕珠. 基于利益平衡机制的图书馆与数字出版机构合作研究[J]. 图书馆工作与研究, 2018(1): 67-71.

② 于永丽. 数字出版机构与数字图书馆合作路径探讨[J]. 科技风, 2020(2): 205-206.

及网络信息生态链价值基础理论、网络信息生态链价值创造与增值、网络信息生态链价值平衡等方面。学者们对网络信息生态链价值平衡的研究主要围绕网络信息生态链共生互利、利益协调等问题展开，研究对象以一般网络信息生态链及公安网络信息生态链为主，没有针对数字图书馆信息生态链价值的研究。

数字图书馆相关信息主体价值平衡方面，学者们的研究主要集中在数字图书馆、版权人、读者之间的价值平衡以及数字图书馆与数字出版机构合作的价值平衡两方面。虽然以上两方面的研究成果对促进数字图书馆信息生态链价值平衡有一定推动作用，但也存在明显不足：一方面，从价值平衡主体来说，上述研究仅涉及数字图书馆信息生态链内众多信息主体中的一部分，并不能对整条链内所有相关信息主体之间及主体自身的价值冲突提供指导；另一方面，从价值平衡客体来说，以上两方面主要研究的是主体间的经济价值平衡，并未将非经济价值纳入价值平衡考虑范围。

综上所述，数字图书馆信息生态的研究成果较多，但对于数字图书馆信息生态链的研究较少，且并未涉及链内信息主体的价值平衡问题；对网络信息生态链价值的研究，主要集中在网络信息生态链价值基础理论、网络信息生态链价值创造与增值以及网络信息生态链价值平衡等方面，但未见数字图书馆信息生态链价值平衡研究；对数字图书馆相关信息主体间价值平衡的研究主要是从经济视角分析版权人个人价值和社会公众价值之间的价值平衡，并未从信息生态链角度对数字图书馆相关信息主体自身的价值平衡展开研究。总之，目前国内外对数字图书馆信息生态链价值平衡的研究成果较少，尚未形成理论体系。因此，本书将构建数字图书馆信息生态链价值平衡基本理论体系，对数字图书馆信息生态链内各信息主体自身及信息主体之间的经济价值与形象、素质、地位等非经济价值平衡问题进行研究，以促进数字图书馆信息生态链的稳定高效运行和图书馆信息生态系统的健康、可持续发展。

1.4 研究目标、研究内容与创新之处

1.4.1 研究目标

数字图书馆信息生态链的价值平衡研究是数字图书馆理论与实践研究的重要内容之一。本书通过对数字图书馆信息生态链价值平衡的基础理论、数字图书馆信息生态链价值平衡的概念及标志、数字图书馆价值平衡的影响因素及其作用机制、数字图书馆信息生态链价值平衡策略进行深入研究，旨在构建科学的数字图书馆信息生态链价值平衡研究体系，为数字图书馆信息生态链的健康成长和高效运行提供指导。

1.4.2 研究内容

(1)数字图书馆信息生态链价值平衡基础理论研究

笔者搜集和整理了国内外相关文献，总结了数字图书馆信息生态链价值平衡的相关基础理论，对数字图书馆信息生态链的概念进行了界定，并对其特性、构成要素、主要类型进行了归纳分析，在此基础上探究了数字图书馆信息生态链价值的内涵，归纳总结了数字图书馆信息生态链价值的类型、链内信息主体及整条链的价值需求。

(2)数字图书馆信息生态链价值平衡内涵、属性分析及价值平衡标志确定

在数字图书馆信息生态链及其价值等相关理论研究基础上，对数字图书馆信息生态链价值平衡的内涵和属性进行了探讨，并采用多轮专家调查法确定了数字图书馆信息生态链价值平衡的标志，最后对数字图书馆信息生态链价值平衡标志进行了详细分析。数字图书馆信息生态链价值平衡的标志主要包括链内主体价值需求结构合理、链内新增价值分配公平、链内主体价值需求得到满足三个方面。

(3)数字图书馆信息生态链价值平衡影响因素模型构建及修正

首先，运用扎根理论对数字图书馆信息生态链价值平衡影响因素展开探索性研究，通过三级编码提炼出数字图书馆信息生态链价值平衡影响因素，并构建了数字图书馆信息生态链价值平衡影响因素初始模型。在此基础上，采用专家调查法对初始模型进行修正和完善，最终得出数字图书馆信息生态链价值平衡影响因素理论模型。然后，界定和归纳了理论模型中各影响因素的内涵和维度，并简要分析了各影响因素之间的关系以及各影响因素对数字图书馆信息生态链价值平衡的作用，为后文深入分析各影响因素对数字图书馆信息生态链价值平衡的作用机制及提出数字图书馆信息生态链价值平衡策略提供支撑。

(4)数字图书馆信息生态链价值平衡影响因素作用机制分析

对数字图书馆信息生态链价值平衡影响因素理论模型进行进一步的研究，深入分析各影响因素对数字图书馆信息生态链价值平衡的影响路径和作用机理，为数字图书馆信息生态链价值平衡策略的提出打下理论基础。

(5)数字图书馆信息生态链价值平衡策略研究

结合对数字图书馆信息生态链价值平衡影响因素及其作用机制的研究和分析，针对性地从数字信息资源、链内信息主体、链内管理机制及网络信息环境四个层面提出了数字图书馆信息生态链价值平衡策略，以期为数字图书馆信息生态链上相关信息主体的信息行为提供实践指导的同时也能为相关管理部门进行数字图书馆信息生态链价值平衡管理提供理论参考。价值平衡策略具体包括：加快链内数字信息资源建设步伐，促进链内数字信息资源共建共享，合理选择链内信息主体信息生态位，提升链内信息主体的能力和素质，完善链内信息主体间的竞合机制，健全链内管理体系，加强链内价值管理，优化链的网络信息技术环境，完善链的网络信息制度环境。

1.4.3 创新之处

(1)从信息生态链的角度研究数字图书馆相关信息主体之间的价值关系

从目前已有研究来看，尽管学者们对数字图书馆的研究涉及各个层面，但尚未有学者从信息生态链角度来研究数字图书馆相关信息主体的价值需求及其之间的价值关系。由于数字图书馆相关信息主体类别较多，且各类信息主体的价值需求较为复杂，不仅有经济价值也有素质形象等非经济价值，从信息生态链的角度将信息主体归类成信息生产者、信息传递者和信息用户来探究其各类信息活动背后的价值需求，有助于将复杂价值关系变得简明清晰，更能厘清数字图书馆信息生态链价值平衡的影响因素，从而提出合理有效的策略，为链内信息主体复杂信息活动提供指导和参考。

（2）从多维度、多层面阐释数字图书馆信息生态链价值平衡的概念及属性

国内外对于数字图书馆价值的研究并不少，但其更多是将数字图书馆当作一种社会职能机构来研究其社会价值，且相关研究大多集中在探讨数字图书馆与著作权人之间的价值关系。本书从经济价值、文化价值、素质价值及形象价值等多维度论述了数字图书馆信息生态链的价值，并从生态链的角度对数字图书馆信息生态链内各类信息主体本身、同级信息主体及上下游信息主体间的价值平衡问题进行了探究，从多维度、多层面阐释了数字图书馆信息生态链价值平衡的概念，并对其属性进行了深入分析。

（3）系统归纳和分析数字图书馆信息生态链价值平衡的标志

目前研究中，鲜少有数字图书馆信息生态链价值平衡标志的相关内容。明确数字图书馆信息生态链价值平衡的标志，有助于数字图书馆及相关部门判定数字图书馆信息生态链的价值平衡状态及运行情况。因此，本书采用三轮专家调查法征询领域专家的意见，并不断对结论进行完善，最终得出专家意见比较一致的数字图书馆信息生态链价值平衡标志，并进一步对其进行了解释说明。

（4）采用多种方法构建并修正数字图书馆信息生态链价值平衡影响因素概念模型

本书运用扎根理论方法，对数字图书馆信息生态链上三类较为典型的

信息主体进行深度访谈，通过对访谈资料三级编码分析归纳得出数字图书馆信息生态链价值平衡影响因素及其初始模型，为了保证得出的影响因素及初始模型的科学合理性，在此基础上再次运用多轮专家调查法对其进行完善和修正，最终获得较为可靠和完善的数字图书馆信息生态链价值平衡影响因素概念模型。

1.5　研究方法与技术路线

1.5.1　研究方法

（1）文献调查法

本书首先对数字图书馆信息生态链价值平衡相关的国内外文献进行搜集、梳理和述评，全面了解与本课题相关的国内外研究现状，从而更有针对性地拟定本书研究提纲，确定研究思路。其次，通过对相关研究成果进行分析和总结，可以为本书中数字图书馆、数字图书馆信息生态链、数字图书馆信息生态链价值等相关概念的界定提供理论基础，为进行数字图书馆信息生态链价值平衡标志、影响因素及其作用机制等逻辑分析提供参考。

（2）网络观察法

数字图书馆信息生态链内信息主体的信息活动很多都在数字图书馆网络平台上进行，本书选取了高校数字图书馆、公共数字图书馆及科研机构数字图书馆这三类主要数字图书馆网站，仔细观察其提供的数字信息资源及信息服务情况以及数字图书馆信息生态链上信息主体参与信息流转活动时在平台上留下的记录和痕迹，以便深入了解各类数字图书馆信息生态链的运行情况以及各类信息主体真实的价值需求，为制定调查问卷和个人访谈提纲提供借鉴。

（3）专家调查法

鉴于专家调查法通常比其他方法更具有权威性和可信度，笔者邀请数字图书馆、信息生态等相关领域专家对数字图书馆信息生态链价值平衡的标志、价值平衡影响因素及其概念模型进行多轮专家调查，根据专家们的访谈意见和专家调查表结果最终得出数字图书馆信息生态链价值平衡标志及价值平衡影响因素概念模型。

(4)问卷调查法

采用专家调查法对数字图书馆信息生态链价值平衡标志及价值平衡影响因素进行研究的过程中，根据专家调查法的实施步骤和调研层次，笔者设计了开放式和封闭式两种调查问卷。其中，开放式问卷主要是征询专家对数字图书馆信息生态链价值平衡标志的看法以及对价值平衡影响因素概念模型的意见，以便获取数字图书馆信息生态链价值平衡标志指标并对影响因素概念模型进行完善；封闭式问卷主要用于获取专家对数字图书馆信息生态链价值平衡标志及价值平衡影响因素的重要性评判，为我们筛选价值平衡标志指标及价值平衡影响因子提供依据。

(5)实地考察法

在研究的过程中，笔者多次去数字图书馆信息生态链中的关键信息主体所在地进行实地考察和调研。如多次去各类实体图书馆的数字资源建设部进行调研，了解其数字资源建设情况以及其与上游数据库提供商和下游数字信息用户之间的关系、存在的问题；多次去数据库提供商公司及数据库代理商公司了解其运营流程、运营投入成本及运营面临的困难。

(6)扎根理论方法

由于与数字图书馆信息生态链价值平衡影响因素相关、可借鉴的资料较少，且价值平衡与链内信息主体的真实体验和认知联系紧密，因此本书采用扎根理论方法对数字图书馆信息生态链价值平衡影响因素进行探究。选择数字图书馆信息生态链上具有代表性的三类信息主体进行扎根理论访谈，并对访谈资料进行三级编码，归纳分析得出数字图书馆信息生态链价值平衡影响因素及初始概念模型。

1.5.2　技术路线

数字图书馆信息生态链价值平衡研究的技术路线如图 1.1 所示：

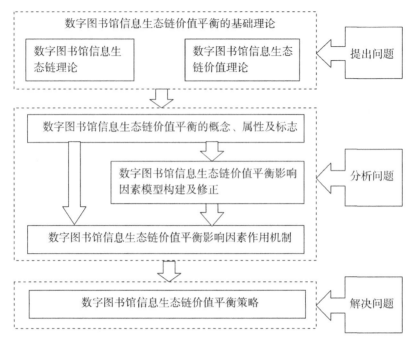

图 1.1　数字图书馆信息生态价值平衡研究技术路线图

第 2 章 数字图书馆信息生态链价值平衡的基础理论

本章以数字图书馆信息生态链及其价值为研究对象，对数字图书馆信息生态链价值平衡的基础理论进行总结和梳理，为后续研究奠定理论基础。数字图书馆信息生态链价值平衡的基础理论主要包括数字图书馆信息生态链相关理论和数字图书馆信息生态链价值相关理论。其中，数字图书馆信息生态链相关理论主要包括：数字图书馆信息生态链的概念及特性、数字图书馆信息生态链的构成要素、数字图书馆信息生态链的结构、数字图书馆信息生态链的主要类型；数字图书馆信息生态链价值相关理论主要包括：数字图书馆信息生态链价值的内涵、数字图书馆信息生态链价值的类型、数字图书馆信息生态链的价值需求。

2.1 数字图书馆信息生态链理论

2.1.1 数字图书馆信息生态链的概念及特性

"数字图书馆信息生态链"一词由"数字图书馆"和"信息生态链"两个要素组合构成，因此为了更好地理解数字图书馆信息生态链这一概念的本质和内涵，很有必要先对数字图书馆和信息生态链的概念进行讨论和分析。

1. 数字图书馆概念的界定

数字图书馆这一说法源于美国学者 Bush 在 1945 年发表的 As We May

Think 一文，他在文中首次使用"Memex"这一概念表述能将个人所有图书、记录和通信都存储起来的一种机械化图书馆。① 受 Bush 的启发，美国学者 Lickder 在其 1965 年出版的 Libraries of the Future 一书中试图用数字计算机改变图书馆面貌。② 上述两位学者虽然并未直接提出"数字图书馆"这一概念，但其为数字图书馆概念的形成奠定了基础，两位学者也被认为是数字图书馆的先驱。

自美国国家科学基金会 1994 年在其实施的"数字图书馆创始"计划中正式提出"数字图书馆"一词以来，数字图书馆已经过近 30 年的发展。在此期间，随着计算机网络技术和电子信息技术的飞速发展，数字图书馆在信息资源数字化和信息服务网络化方面取得了飞跃式进步，但由于数字图书馆的研究、开发和使用群体多是来自不同的行业和领域，其专业背景复杂，认知视角也不同。因此，到目前为止，国内外并未对数字图书馆形成一个公认统一的定义。在表 2.1 中，笔者对国内外学者有关数字图书馆定义的一些代表性观点做了总结。

表 2.1　　　　　　　有关数字图书馆定义的几种代表性观点

"数字图书馆"定义的主要观点	学者
数字图书馆能使人们智能而真实地存取全球网络上数量巨大且不断增多的数字化信息，它是若干联合结构的总称。③	美国密执安大学研究人员 Berry
数字图书馆是提供资源的组织，目的在于搜集、构建、存取、揭示、传播、保管大量数字作品，确保数字作品的持久性以及可以被特定群体方便而经济地利用。④	美国数字图书馆联盟（DLF）

---

① Bush V. As We May Think[J]. The Atlantic Monthly，1945(6).
② Dan M. Libraries of the Future[M]. Canbridge：M I T Press，1965：219.
③ Berry J W. Digital Libraries：New Initiatives with Worldwide Implications[J]. Collection Building，1996，15(4)：21-33.
④ Mccray A T，Gallagher M E，Flannick M A. Extending the Role of Metadata in a Digital Library System[J]. Proceedings of the IEEE Forum on Research and Technology advances in Digital Libraries，1999：190-199.

续表

"数字图书馆"定义的主要观点	学者
数字图书馆是经过组织的数字化信息集合，将图书馆与档案馆通常开展的信息构建和搜集工作与通过计算机所实现的数字化描述融为一体。①	美国数字图书馆先导计划（DFI）子计划负责人Lesk
数字图书馆是以生成、检索和利用信息为目的的海量电子资源与相关技术，是对处理各种载体的数字化数据的信息存储与检索系统的延伸与强化。②	加州大学教授Borgman
数字图书馆是一种有纸基图书馆外观和感觉的图书馆，但在这里图书馆资料都已经被数字化并存储起来，而且能在网络化的环境中被本地和远程用户存取，还能通过复杂和一体化的自动控制系统为用户提供先进的、自动化的电子服务。③	美国著名数字图书馆专家Fox
数字图书馆建立在图书馆内部业务高度自动化基础之上，不仅能使本地和远程用户联机存取其OPAC以查询传统图书馆馆藏（非数字化和数字化的），而且也能使用户通过网络联机存取图书馆以外的其他电子信息资源。④	王知津
数字图书馆是以数字形式存储和处理信息的图书馆，是将计算机技术、通讯技术、微电子技术等合而为一的信息服务系统，主要由数据库管理服务系统、图书馆网络通讯系统、数字化信息资源系统三大部分构成。⑤	赵伟

① Lesk M. Practical Digital Libraries：Books，Bytes，and Bucks[M]. San Francisco：Morgan Kaufmann Publishers，1997：1038-1039.

② Borgman C L. What are Digital Libraries？Competing Visions [J]. Information Processing & Management，1999，35(3)：227-243.

③ Fox E A，Hix D，Nowell L T，et al. Users，User Interfaces，and Objects：Envision，a Digital Library[J]. Journal of the American Society for Information Science & Technology，1993，44(8)：468-473.

④ 王知津. 数字图书馆及其相关概念[J]. 图书馆学研究，1999(4)：42-45.

⑤ 赵伟. 数字图书馆研究的历史和现状[J]. 情报科学，1999，17(2)：193-195.

续表

"数字图书馆"定义的主要观点	学者
数字图书馆是传统图书馆功能的扩展，它对信息进行搜集、转换、描述，并以计算机可处理的数字化形式存储馆藏信息和网络数字化信息，以智能化的信息检索和统一友好的检索界面，利用先进的信息处理技术和互连的计算机网络，提供多种语言兼容的多媒体远程数字信息的信息服务。①	陈敏
数字图书馆是运用当代信息技术，对数字信息资源进行采集、整理和储存，并向所有连接网络的用户提供，为一定的社会政治、经济服务的文化教育机构以及这种机构的组合。②	吴志荣
数字图书馆是对各种有价值的信息进行收集、整理和规范性加工，以标准化方式进行保存、维护和管理，以计算机可读形式提供各种信息的检索与传播，并提供在广域网上跨库连接的电子存取服务。③	邓均华
数字图书馆是经过处理的信息集合，提供相关的服务，其信息以数字形式存储，通过网络存取。④	王军

可以看出，国内外对于数字图书馆的概念至今没有一个统一的认识，以上这些数字图书馆的定义既有相同之处，又有不同之处。相同之处是均指出了数字图书馆的核心特征，那就是数字化信息的内容特征和网络分布式管理的结构特征。不同之处在于有的学者认为数字图书馆是一个实体组织机构，有的学者认为数字图书馆是一个大型数字资源集合，有的学者认为数字图书馆是传统图书馆的延伸和扩展，还有学者认为数字图书馆是一个信息服务系统。

本书借鉴图书情报领域专家王知津教授的定义，从图书馆的视角出

---

① 陈敏. Internet 时代的数字图书馆建设[J]. 情报学报，1999(6)：530-535.
② 吴志荣. 数字图书馆：从理念走向现实[M]. 上海：学林出版社，2000：4.
③ 邓均华. 数字图书馆与数字化分类法[J]. 中国图书馆学报，2001(4)：76-77.
④ 王军，杨冬青，唐世渭. 数字图书馆的研究内容和方向[J]. 中国图书馆学报，2001，27(6)：33-38.

发，认为数字图书馆是以内部业务高度自动化的传统图书馆为基础，利用OPAC(联机公共目录查询系统)进行本地或远程联机存取查询传统图书馆的数字化和非数字化馆藏以及图书馆之外的其他数字信息资源的现代化图书馆。① 简而言之，本书中的数字图书馆是指依附于实体图书馆而存在、以网络为基础提供数字资源服务的数字图书馆。

2. 数字图书馆信息生态链的概念

信息生态链是指在信息生态系统中，不同种类的信息人之间信息流转的链式依存关系。② 结合数字图书馆的内涵，我们认为数字图书馆信息生态链是指在数字图书馆信息生态系统中，以数字图书馆为核心，信息生产者、数字图书馆以及信息用户之间信息流转的链式依存关系。为了更好地理解数字图书馆信息生态链的概念，我们要明确以下几点。

第一，数字图书馆信息生态链的核心主体是数字图书馆。数字图书馆信息生态链主要有信息生产者、数字图书馆以及信息用户三类信息主体，这三类信息主体的功能和需求不尽相同。其中信息生产者是整条链的起点，是创造和生产信息资源的主体；数字图书馆是整条链中最为重要的核心主体，是整条链的中间环节和标志；处于整条链末端的信息用户是对获取的数字信息进行消费的主体，具备一定的信息能力和信息需求，其在同一时间也可能是另一条数字图书馆信息生态链的起点。

第二，数字图书馆信息生态链的基本功能是各类信息在不同信息主体之间的流转。以数字图书馆为界，在数字图书馆信息生态链上游部分流转的信息既有传统纸质型信息又有网络数字化信息，而在数字图书馆信息生态链下游部分流转的则全部是数字信息。数字信息是指一切以数字形式生

---

① 王知津. 数字图书馆及其相关概念[J]. 图书馆学研究，1999(4)：42-45.

② 娄策群. 信息生态系统理论及其应用研究[M]. 北京：中国社会科学出版社，2014：93.

产和发行的信息。① 数字图书馆信息生态链中流转的数字信息主要有两大类：一类是将原有纸质型信息进行数字化和网络化而形成的数字信息；另一类是直接以数字形式生产而形成的数字信息。数字图书馆信息生态链中的数字信息主要以数据库形式存在，具体包括文献书目数据库、全文本数据库、数值型数据库、事实型数据库、视频数据库、音频数据库以及多媒体数据库等。信息流转包括信息在不同信息主体之间（或同一主体内部）流动和在同一主体内的转化。在数字图书馆信息生态链中，数字信息的流动是双向的，包括从上游到下游的正向信息流动，也包括自下游向上游的反向信息反馈。数字图书馆信息生态链的基本功能就是各类信息在信息生产者、数字图书馆以及信息用户之间的流动和转化，从而实现整条链的信息价值增值。

第三，数字图书馆信息生态链中不同信息主体之间的链式依存关系是多元复合关系。数字图书馆信息生态链中各主体在结构上是上下游环环相扣的链式关系，上游的信息生产者、中游的数字图书馆以及下游的信息用户这三类信息主体之间一环扣一环，缺一不可，由此构成一条链的形态，如果缺失某一主体，就极有可能造成整条链的瘫痪甚至解体。而数字图书馆信息生态链内各主体在链的运行过程中又会形成合作、竞争、平等、共生等复杂的关系。链内主体的价值追求是数字图书馆信息生态链形成的基本动力，在数字图书馆信息生态链中，同类信息主体之间主要是竞争关系，而上下游信息主体之间主要是合作关系。

由以上对数字图书馆信息生态链概念的解析，可以构建如图 2.1 所示的数字图书馆信息生态链概念模型。

3. 数字图书馆信息生态链的特性

数字图书馆信息生态链作为众多网络信息生态链中的一种，既有网络

---

① 李燕芳，徐斌．略论我国数字信息生产制度改进的思路：一个基于社会信息成本的分析[J]．现代情报，2007(3)：90-92．

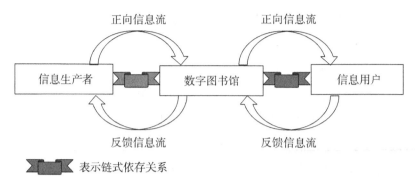

图 2.1　数字图书馆信息生态链概念模型

信息生态链的一般特点，如复杂性与开放性、多样性与动态性、层次性与系统性，① 也有不同于其他类型生态链的特有属性。数字图书馆信息生态链特有属性具体表现如下：

（1）数字图书馆信息生态链的核心节点固定

在数字图书馆信息生态链中，数字图书馆是整条链的核心节点，在链中处于核心地位。和一般的信息生态链一样，数字图书馆信息生态链中除了具有上游生产信息的信息生产者和下游获取、利用信息的信息用户，还具有不可或缺的信息传递者。相较于一般的信息生态链，数字图书馆信息生态链的核心节点固定为数字信息传递者(数字图书馆)，数字图书馆是整条链的标志和关键。数字图书馆在数字图书馆信息生态链中的核心地位具体表现在以下两个方面：一方面，数字图书馆是上游信息生产者和下游数字信息用户之间连接和进行信息活动的桥梁，无论其上下游节点的宽度和长度如何变化，数字图书馆始终处于上下游节点的中心，可以说数字图书馆信息生态链就是围绕数字图书馆为中心来运行的；另一方面，数字图书馆自身的特点、数字图书馆与上下游节点的链接方式以及数字图书馆与其他信息主体的关系都直接决定着整条数字图书馆信息生态链的特性，比如

---

① 李北伟，徐越，单既民，魏昌龙，张鑫琦，富金鑫. 网络信息生态链评价研究——以淘宝网与腾讯拍拍为例[J]. 情报理论与实践，2013，36(9)：38-42，47.

传统实体图书馆以公益无偿服务为主建设形成的公益性数字图书馆，数字图书馆的公益性质既决定了其与上下游信息主体间的价值关系，也决定了整条数字图书馆信息生态链的价值取向。①

（2）数字图书馆信息生态链的结构组成简单

一般的网络信息生态链在进行信息流转活动时往往需要进行多次信息传递，链的结构层次会较为复杂，链的长度也会比较长。相较于一般信息生态链，数字图书馆信息生态链还有一个特点就是其结构组成相对简单且固定，属于"短"链。数字图书馆信息生态链结构组成简单固定具体体现在以下两个方面：一方面，数字图书馆信息生态链中的核心节点数字图书馆直接与下游的数字信息用户相连，信息传递环节较少，属于"短"链。数字信息直接由数字图书馆传递给最终的信息消费者——数字信息用户，这样既可以提高信息传递效率、减少信息传递误差，又可以使数字图书馆得到数字信息用户最直接和真实的反馈信息。另一方面，数字图书馆信息生态链的结构组成简单而固定，核心节点数字图书馆直接与下游的数字信息用户相连，数字图书馆与上游一部分信息生产者直接相连，虽然数字图书馆与上游大部分信息生产者之间存在数据库商、出版发行商等辅助传递者，但数字图书馆信息生态链的总体结构还是比较简单和固定的。

2.1.2　数字图书馆信息生态链的构成要素

网络信息生态链的组成要素包括网络信息主体、网络信息和网络信息环境等三个方面。② 我们认为数字图书馆信息生态链的构成要素主要包括参与数字图书馆信息活动的各类信息主体、数字信息资源和数字信息环境。

---

① 李黛君．版权平衡：数字图书馆核心价值释义[J]．图书馆研究，2013，43（6）：1-4.

② 栾春玉，霍明奎，卢才．网络信息生态链组成要素及相互关系[J]．情报科学，2014，32（11）：30-35.

1. 数字图书馆信息生态链的信息主体

根据信息人在信息流转过程中扮演的角色和发挥功能的不同，信息主体可以分为信息生产者、信息组织者、信息传递者、信息监管者、信息分解者和信息消费者等[①]。数字图书馆信息生态链中不同种类、功能、角色和地位的信息主体既可以是个人也可以是组织。在数字图书馆信息生态链中，核心节点数字图书馆不仅具有数字信息传递、生产、组织序化功能，还对其他信息主体有一定的监管功能；而数字信息用户不仅具有信息消费功能，同时也具有数字信息生产和信息反馈功能。所以可以认为数字图书馆信息生态链内的信息主体主要有数字信息生产者、数字信息传递者和数字信息消费者三大类。数字图书馆信息生态链中这三类信息主体的数量决定了数字图书馆信息生态链的长度和宽度，异级信息主体的数量越多链就越长，同级信息主体的数量越多链就越宽。此外，数字图书馆信息生态链中各类主体的素质和能力也严重影响着整条信息生态链运行的功效和信息流转效率。

（1）信息生产者

数字图书馆信息生态链中的信息生产者是数字图书馆信息生态链的起点，是创造和生产信息的组织或个人，既包括数字信息作者，也包括纸质文献作者。按照链中流转的数字信息内容不同，数字图书馆信息生态链中的信息生产者主要包括书刊信息生产者、网络信息生产者以及特色资源信息生产者，其中书刊信息生产者主要生产、创造中外文图书和报刊等以较为正规的形式出版发行的信息，此类信息最终经由书刊出版商及数据库商提供给数字图书馆；网络信息生产者主要在各类学术网站或其他网站上发表自己原创的各类信息；而特色资源信息生产者主要是为数字图书馆里的各类特色资源数据库生产和提供信息。按照信息主体性质不同，数字图书

[①] 栾春玉，霍明奎，卢才. 网络信息生态链组成要素及相互关系[J]. 情报科学，2014，32(11)：30-35.

馆信息生态链中的信息生产者主要包括学校、科研院所里的教师、学生和科研人员，企业技术人员和技术开发机构，政府机构里的决策管理人员等。

（2）信息传递者

数字图书馆信息生态链中的信息传递者是数字图书馆信息生态链的中间环节，其主要作用是将数字信息传递和传播给下游的信息用户。数字图书馆信息生态链中的信息传递者主要有数字图书馆、书刊出版商及数据库商三大类。当上游是书刊信息生产者时，往往需要由书刊出版商将其生产的信息出版再出售给相关数据库商，最后由数据库商提供给数字图书馆。在此条数字图书馆信息生态链内，书刊出版商和数据库商相当于信息生产者和数字图书馆之间的中间信息传递者。当上游是网络信息生产者及特色资源信息生产者时，往往直接由数字图书馆单独充当信息传递者。根据划分粒度的不同，数字图书馆信息生态链中的信息传递者既可以认为是整个数字图书馆，也可以认为是数字图书馆中的工作人员。如果将数字图书馆整体作为信息传递者，那么依据本研究中界定的数字图书馆概念，按照数字图书馆性质不同，可以将数字图书馆信息生态链中的信息传递者划分为高校数字图书馆、公共数字图书馆和科研机构数字图书馆三大类。[①] 如果将数字图书馆内的工作人员作为信息传递者，按照馆内工作人员职能分工不同，数字图书馆信息生态链中的信息传递者可划分为信息传递类型中间节点和信息处理类型中间节点。信息传递类型中间节点是指在数字图书馆内主要承担信息查询和信息传递工作的馆员或由其组成的部门，如图书馆数字资源服务部。信息处理类型中间节点是指在数字图书馆内对数字信息进行分类、标引、组织存储或对传统纸质信息进行数字化处理等活动的馆员或由其组成的部门，如图书馆数字资源建设部。图书馆数字资源建设部主要通过传统馆藏信息资源的数字化、购买数字化制品和数据库、下载网

---

① 程彩虹，陈燕方，毕达宇. 数字图书馆信息生态链结构要素及结构模型［J］. 情报科学，2013，31（8）：15-18，22.

上信息资源三种方式来建设数字图书馆实体信息资源。①

（3）信息消费者

数字图书馆信息生态链中的信息消费者（信息用户）是数字图书馆信息生态链的终点，也可能是另一条数字图书馆信息生态链的起点，是接收并利用数字图书馆传递数字信息的个人或组织。按照主体利用信息之后是否反馈，数字图书馆信息生态链中的信息消费者分为利用型信息消费者和反馈型信息消费者。② 利用型信息消费者是数字图书馆信息生态链中信息流的终点，利用型信息消费者仅对经由数字图书馆传递而来的数字信息进行消费利用，并不向其他信息主体进行信息反馈。这种情况下信息流动的路径为比较简单的线型。例如，学生信息用户从数字图书馆获取自己所需的文献信息后，对其进行消化分解，生产出自己的科研成果。反馈型信息消费者是数字图书馆信息生态链的终点，同时也是另一条信息生态链的起点。反馈型信息消费者会在消费、利用自己所需信息后，将自己的反馈信息通过一定的路径反馈给信息传递者或信息生产者。例如，高校师生可能在消费高校数字图书馆提供的数字信息之后，将自己认为过时、无用的数字信息反馈给数字图书馆工作人员，以便其酌情对过时、无用信息进行更新和删除。需要指出的是，数字图书馆信息生态链中信息消费者与信息生产者存在身份重合的情况，③ 有的信息消费者在获取并利用数字信息后也会生产、发布新的信息，成为另一条数字图书馆信息生态链的信息生产者。

2. 数字图书馆信息生态链的信息环境

冷晓彦等认为网络信息生态环境是以网络为载体的人类信息化生存环

① 江向东.数字图书馆实体信息资源建设的版权问题分析[J].中国图书馆学报，2004(5)：58-61.

② 魏傲希.基于系统动力学分析的数字图书馆信息生态链运行机制研究[D].吉林大学，2015：20.

③ 王瑶，金明生.基于信息生态系统的数字图书馆运行机制优化及动态平衡控制[J].情报杂志，2012，31(2)：153-156.

境，主要由政治环境、技术环境、人文环境和经济环境四大成分构成。①
娄策群等认为网络信息生态环境是指对网络信息生态主体产生影响的各种
网络信息环境因素的总和，主要由网络信息本体环境、网络信息技术环
境、网络信息制度环境及网络信息时空环境组成。② 由于数字图书馆信息
生态链依托于数字化网络技术，链的形成和运行不受信息主体活动时间和
空间的限制，因此我们将数字图书馆信息生态链的信息环境划分为数字信
息本体环境、数字信息技术环境以及数字信息制度环境。这三类环境因子
相互联系、相互作用，共同构成一个有机整体。③

　　(1)数字信息本体环境

　　网络信息生态链信息本体环境是指对网络信息生态链及其构成主体产
生影响的各种信息的总和。信息本体即指信息本身，是由信息内容和信息
载体构成的实体。④ 数字信息具有使用价值和价值，是数字图书馆中价值
形成的前提条件。⑤ 数字图书馆信息生态链中的数字信息主要有两个生成
途径，一个是原生数字型信息，另一个是印刷型信息经数字化而成为数字
型信息。⑥ 数字图书馆信息生态链中的数字信息主要以数据库形式存在，
具体包括文献书目数据库、全文本数据库、数值型数据库、事实型数据
库、视频数据库、音频数据库以及多媒体数据库等。数字图书馆信息生态
链中的数字信息资源主要有五类：第一类是图书馆自己开发并存储的数字
信息资源，比如图书馆自己建设的特色资源库中的各类信息及数字化馆藏

　　①　冷晓彦，马捷．网络信息生态环境评价与优化研究[J]．情报理论与实践，
2011，34(5)：10-14.
　　②　娄策群，娄冬，李青维．网络信息生态环境中的信息本体环境优化研究[J]．
图书馆学研究，2016(22)：98-100+封三.
　　③　周黎明，张洋．基于信息环境论的信息环境管理[J]．图书馆论坛，2005(2)：
24-28.
　　④　娄策群，赵桂芹．信息生态平衡及其在构建和谐社会中的作用[J]．情报科学，
2006(11)：1606-1610.
　　⑤　侯晓靖．价值链分析法在数字图书馆管理中的应用[J]．现代情报，2005(5)：
91-93.
　　⑥　王跃虎．图书馆的分类及发展趋势研究[J]．图书情报知识，2012(2)：34-45.

资源等；第二类是由数据库商提供的各类中外文数据库中的信息资源，比如 CNKI 中国学术期刊网络出版总库、Springer 全文数据库等；第三类是数字化索引信息，如馆藏书目信息、高校联合目录等；第四类是电子出版物，如电子期刊、电子图书、电子报纸等；第五类则是一些其他类型的信息，比如数字资源网站的链接信息等。

（2）数字信息技术环境

网络信息生态链技术环境是指在互联网上应用且对网络信息生态链运行和演化有直接影响的现代信息技术及其相应设备设施的总称，主要由网络信息基础设施、网络信息流转技术、网络信息安全技术构成。[①] 数字图书馆是网络信息技术的产物，网络信息技术是数字图书馆信息生态链形成及运行的基础和保障。数字图书馆信息生态链的信息技术环境主要包括网络基础设施和数字信息流转技术。数字图书馆信息生态链的网络基础设施主要包括服务器、宽带、主机以及电脑终端等网络硬件配置。数字图书馆信息生态链的数字信息流转技术主要包括数字信息获取技术、数字信息处理技术、数字信息组织技术、数字信息存储技术及数字信息传播技术等。其中，数字信息获取技术是指采集数字信息的技术，主要包括数字信息检索技术、搜索引擎技术等；数字信息处理技术是指利用计算机对多种形式的数字信息进行转换、比较、运算、分析和推理的技术，主要包括人工智能技术、数据挖掘技术等；数字信息组织技术是指使零散、无序的网络信息实现有机联系和序化的技术，主要包括超文本技术、网络数据库技术等；数字信息存储技术是指跨越时间保存数字信息的技术，主要包括服务器直连存储、网络连接存储及存储局域网等技术;[②] 数字信息传播技术是指将加工处理后的信息主动或被动地向用户传递的技术，主要包括数字信

---

① 娄策群，李青维，娄冬. 网络信息生态链技术环境优化研究[J]. 情报理论与实践，2016，39(12)：76-80，85.

② 谢胜彬，陶洋，王国梁. DAS、NAS 与 SAN 的研究与应用[J]. 计算机与现代化，2003(7)：8-11.

息发布技术、电子出版技术等。①

（3）数字信息制度环境

美国学者科斯等认为，制度环境是一系列用来建立生产、交换与分配基础的政治、社会和法律基础规则。② 威廉姆森进一步将制度细化为非正式制度、正式规则、治理和常规经济活动四个层级。③ 笔者认为，数字图书馆信息生态链的制度环境是指对数字图书馆信息生态链内信息主体的信息活动和信息行为起引导和规范作用的各种数字信息制度及其实施能力和机制的总和。数字信息制度具体包括与数字图书馆信息活动相关的数字信息政策、数字信息法规、数字信息技术标准以及数字信息伦理等。④ 例如，赋予数字图书馆合理网络信息传播权的《信息网络传播权保护条例》以及规定数字化制品版权税的《制作数字化制品著作权使用费标准（试行）》。制度实施能力是指制度实施主体执行落实信息制度的能力，制度实施机制是保证制度实施的方法措施，主要包括运作机制、监控机制和激励机制。⑤

2.1.3　数字图书馆信息生态链的结构

网络信息生态链结构是指网络信息生态链构成要素的组合形式与方式。⑥ 网络信息生态链基本结构反映了网络信息生态链构成的基本单元特

---

① 娄策群，李青维，娄冬. 网络信息生态链技术环境优化研究［J］. 情报理论与实践，2016，39（12）：76-80，85.

② 科斯 R，阿尔钦 A，诺斯 D. 财产权利与制度变迁：产权学派与新制度学派译文集［M］. 上海：三联书店，1994：270.

③ Williamson O E. The New Institutional Economics：Taking Stock，Looking Ahead［J］. Global Jurist，2000，38（3）：595-613.

④ 娄策群，曾丽，庞靓. 网络信息生态链演进过程研究［J］. 情报理论与实践，2015，38（6）：10-13.

⑤ 娄策群，李青维，娄冬. 网络信息生态环境中的信息制度环境优化研究［J］. 图书馆学研究，2016（23）：2-6.

⑥ 娄策群，余杰，聂瑛. 网络信息生态链结构优化方略［J］. 图书情报工作，2015，59（22）：6-11.

征和链内各生态主体中最基本的关系与功能。① 由上文对数字图书馆信息生态链构成要素的分析，我们可以得出如图 2.2 所示的数字图书馆信息生态链基本结构。

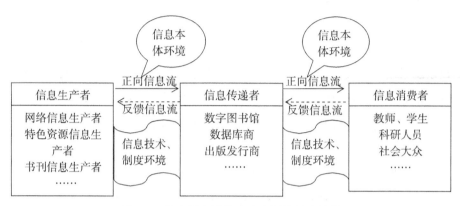

图 2.2　数字图书馆信息生态链的基本结构

2.1.4　数字图书馆信息生态链的主要类型

目前，国内外学者对数字图书馆的概念还没达成共识，对数字图书馆的分类也多种多样。数字图书馆概念和类型的复杂性使得数字图书馆信息生态链的种类划分也更为复杂。此外，由本书对数字图书馆概念的界定可知，本书研究的数字图书馆信息生态链中的数字图书馆特指依附于实体图书馆而存在、以网络为基础提供数字资源服务的数字图书馆，因此对数字图书馆信息生态链种类进行划分之前有必要弄清数字图书馆与实体图书馆的种类。

1. 数字图书馆与实体图书馆的类型

目前，学术界按照数字馆藏来源及构成将数字图书馆分为服务主导

---

① 段尧清，余琪，余秋文. 网络信息生态链的表现形式、结构模型及其功能[J].
情报科学，2013，31(5)：8-11.

型、特种馆藏型和商用文献型三大类。① 乔欢等按照传统图书馆事业分类方法，将数字图书馆分为国家、机构和联盟数字图书馆；按照馆藏的主体范围，将数字图书馆分为科学、航天、历史、教育等特定主题数字图书馆；按照出版物形式，将其分为期刊、学术论文、灰色文献等数字图书馆；并以数字图书馆的性质将其分为公益性和营利性两类。② 吴建华等按照规模类型，将数字图书馆分为单体数字图书馆、联合数字图书馆和复合数字图书馆三种类型。③ 王素芳等依据建设主体及服务人群范围，将数字图书馆分为高校数字图书馆、专业数字图书馆、公共数字图书馆、商业数字图书馆、特殊群体数字图书馆和其他类型数字图书馆六大类。④

国际图书馆统计标准中将图书馆分为国际图书馆、高等院校图书馆、公共图书馆、学校图书馆、专门图书馆及其他主要的非专门图书馆六大类。⑤ 黄宗忠从服务范围上将图书馆分为国家图书馆、公共图书馆、学校图书馆、科学图书馆、专业图书馆、技术图书馆、工会图书馆、军事图书馆、儿童图书馆等九种类型。⑥ 吴慰慈在此基础上补充了两类，分别是盲人图书馆和少数民族图书馆⑦。Sutton 依据发展阶段将图书馆分为传统图书馆、自动化图书馆、混合图书馆和数字图书馆四类。⑧

---

① 周敬治. 谈我国高校服务主导型数字图书馆建设[J]. 中国图书馆学报，2004(5)：55-57.

② 乔欢，马亚平. 数字图书馆评价客体解析[J]. 大学图书馆学报，2005(5)：7-12，18.

③ 吴建华，王朝晖. 数字图书馆评价层次分析[J]. 情报科学，2009，27(8)：1207-1213，1218.

④ 王素芳，刘启元，张力，唐健辉，谭闵，叶鹰. 数字图书馆在线评价系统的设计与实现[J]. 大学图书馆学报，2011，29(6)：19-25.

⑤ 王跃虎. 图书馆的分类及发展趋势研究[J]. 图书情报知识，2012(2)：34-45.

⑥ 黄宗忠. 图书馆学导论[M]. 武汉：武汉大学出版社，1988：245-249.

⑦ 吴慰慈. 图书馆学概论(修订二版)[M]. 北京：北京图书馆出版社，2008：99-103.

⑧ Sutton S A. Future Service Models and the Convergence of Functions：The Reference Librarian as Technician, Author and Consultant[J]. Reference Librarian, 1996, 54(54)：125-143.

在本书中，参考学术界较为认可的数字图书馆分类以及国际图书馆统计标准中对实体图书馆的分类，从数字图书馆建设主体出发，将数字图书馆划分为公共数字图书馆、高校数字图书馆以及机构数字图书馆三大类，这三类数字图书馆信息生态链都是服务主导型数字图书馆。

2. 数字图书馆信息生态链的类型划分

(1)按照数字图书馆的建设主体划分

我国参与数字图书馆建设的主要有国家、高校和科研机构三类主体。按照数字图书馆建设主体不同来划分，我国主要有高校数字图书馆、公共数字图书馆、科研机构数字图书馆，相应的数字图书馆信息生态链的类型也主要有高校数字图书馆信息生态链、公共数字图书馆信息生态链、科研机构数字图书馆信息生态链三种。这三类数字图书馆信息生态链都是服务主导型数字图书馆信息生态链，其数字图书馆馆藏均由图书馆自身的数字化馆藏资源、商用网上联机电子出版物或数据库以及因特网上有用文献信息资源三部分组成，这三部分均使用统一界面向读者提供服务。[1] 不同的是高校数字图书馆信息生态链的核心节点高校数字图书馆是由高校应用先进计算机及网络技术建立的[2]、解决数字资源(本地拥有或可远程存取)的采集、存储、管理、发布和服务所建设的数字资源服务系统[3]。高校数字图书馆信息生态链下游的数字信息用户主要是高校师生和科研人员，为他们提供方便、快捷和高水平的专业信息服务，同时也为部分社会人员提供相关数据查询和取阅服务。[4] 公共数字图书馆信息生态链的核心节点公共

---

[1] 周敬治．谈我国高校服务主导型数字图书馆建设[J]．中国图书馆学报，2004(5)：55-57.

[2] 崔阳．高校数字图书馆个性化信息推荐服务策略探究[J]．科教导刊(上旬刊)，2017(1)：182-183.

[3] 王启云．高校数字图书馆建设评估指标体系研究[J]．大学图书馆学报，2008(5)：74-81.

[4] 黄雪梅．大数据时代下高校数字图书馆数据传播效果研究[J]．兰台世界，2015(32)：129-131.

数字图书馆是由国家或地区投入公用性资金，以网络为载体①、以公共领域为主要运行空间而建立的图书馆，② 主要有国家公共数字图书馆、省市县等地方公共数字图书馆。2016 年我国一般公共预算资金为 208.62 亿元，其中 51.57 亿元用于推进公共图书馆、博物馆、文化馆(站)等机构的建设;③ 2018 年国家公共文化服务示范区按照东中西部每个分别补助 200 万元、400 万元、600 万元标准、示范项目每个 25 万元、50 万元、75 万元标准核定，盲人数字阅读推广工程"智能听书机"按照每台 500 元标准核定。④公共数字图书馆信息生态链下游的信息用户范围较广，主要是面向社会大众，为其提供免费阅读的机会，提升大众文化修养，链内数字信息资源类型丰富多样、覆盖面也较广。⑤ 科研机构数字图书馆信息生态链中的机构数字图书馆是由该机构自主出资创建的支持本单位科研与学习的数字文献资源保障体系。⑥不同于高校数字图书馆和公共数字图书馆，科研机构数字图书馆面向的数字信息用户相对专业和单一，⑦ 主要为该机构的科研人员提供其所需的数字学术信息及交流的平台。目前，较为常见的科研机构数字图书馆有事业单位(不包括高校)数字图书馆以及企业研发机构数字图书馆。

---

① 杨岭雪. 公共数字图书馆：数字内容的制度安排[J]. 国家图书馆学刊，2013，22(3)：24-29，35.

② 贾畅. 新常态背景下公共数字图书馆特色资源建设的发展对策研究[J]. 农业图书情报学刊，2017，29(1)：25-27.

③ 中央财政 2016 年支持构建现代公共文化服务体系情况.[EB/OL].[2020-11-20]. http：//www.mof.gov.cn/mofhome/jiaokewensi/zhengwuxinxi/gongzuodongtai/201608/t20160822_2396804.html.

④ 财政部关于下达 2018 年中央补助地方公共文化服务体系建设专项资金预算的通知.[EB/OL].[2020-11-20]. http：//whs.mof.gov.cn/zxzyzf/ggwh/201807/t20180705_2949692.html.

⑤ 李彦，胡漠，王艳东. 公共数字图书馆信息生态化程度测评研究[J]. 情报科学，2015，33(2)：35-40.

⑥ 赵玉冬，魏先越. 高校图书馆个性化信息服务的实践与思考[J]. 大学图书情报学刊，2009，27(1)：80-83.

⑦ 董宏伟，李斌，翁云剑. 科研机构数字资源服务系统的界面与功能设计研究[J]. 图书情报工作，2016，60(S1)：184-187.

（2）按照链内信息流转方式划分

数字图书馆信息生态链按照信息流转方式可分为单链型数字图书馆和联盟型数字图书馆。[①] 单链型数字图书馆信息生态链和联盟型数字图书馆信息生态链的最大区别在于核心节点上数字图书馆的数量。单链型数字图书馆信息生态链中核心节点只有一个数字图书馆，整条链的结构层次比较单一简单，数字信息在单链型数字图书馆信息生态链内的流动途径是：信息生产者→单个数字图书馆→信息用户。而在联盟型数字图书馆信息生态链中，核心层有多个数字图书馆，不仅增加了链内信息流转数量，也增加了整条链的长度和宽度，数字信息在联盟型数字图书馆信息生态链内的流动途径是：信息生产者→多个数字图书馆→一个或多个联盟数字图书馆→信息用户。比较典型的联盟型数字图书馆信息生态链有 CALIS（中国高等教育数字图书馆）信息生态链，在该链中，核心层由 CALIS 地区联盟馆、省市级联盟馆以及高校数字图书馆构成。联盟型数字图书馆信息生态链核心层内的链接需要数据标引技术、基础接口技术等强大的数字技术的支持，[②]而核心层内各信息主体间资源共享及平台共建等平等合作关系，不仅是环境约束的平等更是合作过程和结果的平等。

（3）按照信息用户登录数字图书馆方式划分

随着网络信息技术的飞速发展，数字信息用户获取数字图书馆数字信息的方式也越来越多样化和便捷化。按照信息用户登录数字图书馆方式不同，数字图书馆信息生态链可分为本地访问数字图书馆信息生态链和远程访问数字图书馆信息生态链。本地访问数字图书馆信息生态链和远程访问数字图书馆信息生态链最大的区别在于数字信息用户的地域分布更为广泛。为了避免数字图书馆的数字信息资源被非授权使用和无限制传播，保护信息生产者的知识产权，数据库商一般会通过 IP 地址限制、账号认证和

---

① 程彩虹，陈燕方，毕达宇. 数字图书馆信息生态链结构要素及结构模型[J].情报科学，2013，31(8)：15-18，22.

② 王杰. 我国数字图书馆联盟研究进展综述[J].农业图书情报学刊，2008(4)：63-65，95.

本地镜像等方式限制读者访问数字信息资源。[①] 这一举措给很多数字信息用户带来了不便，也造成了资源的浪费，因此许多数字图书馆均开通了远程数字资源访问服务。目前，数字图书馆主要采用 VPN 技术、URL 重写方式和集成远程访问管理系统三种方式实现数字信息资源的远程访问。[②] 远程访问突破了数据库资源的 IP 地址物理限制，使数字图书馆信息用户可以通过互联网在任何能上网的地方获取数字图书馆内的数字信息资源，极大地方便了数字图书馆信息用户，提高了数字图书馆信息资源使用率。

（4）按照数字信息接收终端类型划分

互联网的迅速普及和信息技术的不断强化使数字信息用户开展数字信息活动时接收数字信息的途径也发生了很大变化。按照数字信息接收终端设备类型的不同，数字图书馆信息生态链可分为传统 PC 数字图书馆信息生态链和移动数字图书馆信息生态链。传统 PC 数字图书馆信息生态链的下游信息用户主要使用传统台式电脑、笔记本电脑等个人计算机从数字图书馆中获取数字信息资源。而移动数字图书馆信息生态链内的数字信息用户则主要通过手机、ipad 等移动手持设备内的 APP 软件获取数字信息资源，比较典型的有一些数字图书馆开发的各种移动版本 APP 以及数字图书馆的微信、微博公众号等。移动数字图书馆信息生态链与传统 PC 数字图书馆信息生态链的差别主要体现在两个方面：一是数字信息用户使用的便捷性，二是个性化推荐服务。[③] 目前，国内很多数字图书馆均开发出了自己的移动数字图书馆 APP 软件，如国家数字图书馆、山东移动数字图书馆、广东省立中山图书馆—移动图书馆、天津市河东区图书馆、南京大学金陵学院移动图书馆等 APP。这些数字图书馆移动 APP 根据不同种类

---

① 焦阳，刘泉凤. 图书馆数字资源远程访问系统比较研究[J]. 情报探索，2017(8)：75-82.

② 段姬. 图书馆数字资源远程访问方法研究[J]. 情报探索，2014(6)：62-65.

③ 刘海鸥，陈晶，孙晶晶，张亚明. 面向大数据的移动数字图书馆情境化推荐系统研究[J]. 图书馆工作与研究，2018(9)：58-64.

数字信息用户的实际需求和操作习惯设计，使数字图书馆更加贴近信息用户的需求，同时操作也更为简单便捷，大大提高了数字信息用户使用数字图书馆的积极性和数字图书馆信息资源的使用率。此外，很多数字图书馆均开通了数字图书馆微信、微博公众号，如黑龙江省数字图书馆微信公众号、湖南省高校数字图书馆微信公众号、宁波市数字图书馆微信公众号等。这些公众号为数字信息用户提供各类数字信息资源的同时也会向信息用户推送各种最新动态资讯和个性化定制信息，让数字信息用户更加方便及时了解数字图书馆内的数字资源动态，帮助信息用户从大量数字信息中发现自己的兴趣点，有针对性地及时关注和获取自己所需的数字信息，从而很好地解决信息量极度丰富和信息用户感兴趣信息局限性之间的矛盾。①

数字图书馆信息生态链的分类如表 2.2 所示。

表 2.2　　　　　　　　　　**数字图书馆信息生态链的分类**

编号	划分维度	链的类型
1	按照数字图书馆的建设主体划分	高校数字图书馆信息生态链
		公共数字图书馆信息生态链
		机构数字图书馆信息生态链
2	按照链内信息流转方式划分	单链型数字图书馆信息生态链
		联盟型数字图书馆信息生态链
3	按照信息用户登录数字图书馆方式划分	本地访问数字图书馆信息生态链
		远程访问数字图书馆信息生态链
4	按照数字信息接收终端类型划分	传统 PC 数字图书馆信息生态链
		移动数字图书馆信息生态链

---

① 柳益君，何胜，冯新翎，武群辉，熊太纯. 大数据挖掘在高校图书馆个性化服务中应用研究[J]. 图书馆工作与研究，2017(5)：23-29.

2.2　数字图书馆信息生态链价值理论

2.2.1　数字图书馆信息生态链价值的内涵

1. 不同学科中价值的定义

目前，对数字图书馆信息生态链的研究主要集中在数字图书馆信息生态链的概念、结构及运行机制等方面，对其价值的研究暂且空白。因此，厘清其他学科中价值的涵义并从中找到一定重合点，对我们界定数字图书馆信息生态链价值的概念具有重要意义。

马克思曾指出："价值"这个普遍的概念是从人们对待满足他们需要的外界的关系中产生的。[①]可见，在马克思主义哲学中，价值表示的是客观世界对主体需要的满足程度，是客体所具有的属性、功能与主体需要之间的满足与被满足关系，主要包括经济价值和社会价值。在管理学中，对价值的理解是经济活动中形成的一种关系价值，主要是指社会价值。在经济学中，价值来自于个体的主观感受，使用者对物品效用的认可程度决定物品是否有价值，主要是指经济价值。在信息生态学中，价值是指信息生态系统中信息人、信息、信息技术和信息环境之间的各种关系。[②]

2. 数字图书馆价值链

除了以上不同学科对价值的定义，我们对数字图书馆价值的研究也与著名的波特价值链理论密切相关。具有商品价值属性的数字信息资源经由数字图书馆购置、管理等一系列业务活动到达信息用户手中也具备了使用

---

① 马克思，恩格斯．马克思恩格斯全集（第 19 卷）［M］．北京：人民出版社，1963：406.

② 张海涛，徐海玲，王丹，唐诗曼．商务网络信息生态链价值：基本框架及其概念模型［J］．情报理论与实践，2018，41(9)：12-17.

价值，数字图书馆为数字信息用户提供服务的过程实质也是数字信息价值增值的过程，其一系列业务环节也是数字信息产品价值链。不同活动单元在数字图书馆价值链中相互协作，共同为数字信息用户创造价值。对数字图书馆价值链的探讨可以让我们对数字图书馆的业务流程和价值创造活动有更深一步的认识，为我们界定数字图书馆信息生态链价值的概念奠定一定理论基础。

1985 年美国哈佛大学商学院迈克尔·波特教授率先提出价值链这一概念，他将企业内外价值增加的活动分为基本活动和辅助活动，认为企业的运营就是一系列连续的价值创造过程,[1] 企业的价值主要包括与企业发展相联系的长期价值和各项业务的价值总和两个方面。[2] 与企业类似，数字图书馆的价值创造活动也分为基本活动和辅助活动两大类。数字图书馆的基本活动主要包括投入性活动、生产作业、营销活动、服务活动四类。投入性活动是指与数字图书馆获取、存储、分配信息资源相关的活动，如数据库的购入、数字资源的储存配置等。生产作业是指与数字图书馆将投入转化为最终产品形式相关联的各种活动，其实质是将各种数字信息资源提供给读者进行服务以及对数字信息资源的日常管理等。[3] 营销活动是指在保证社会效益的前提下，数字图书馆进行一定的服务收费，宣传数字图书馆及其信息资源，使用户了解和使用数字图书馆的信息产品和服务,[4] 吸引和增加数字信息用户，例如举办数据库培训讲座，利用微博、微信公众号向信息用户推送宣传数字信息资源等。服务活动是指提升数字信息产品价值的各种活动，不同于生产作业活动的为信息用户提供服务，服务活动旨在提升数字信息资源价值，比如优化数字图书馆的阅读和检索界面、改进馆藏数字信息资源等。数字图书馆的辅助活动主要包括办公设备、储备

---

① 迈克尔·波特. 竞争优势[M]. 北京：华夏出版社，1997.

② 约翰·A. 米勒. 作业管理实务[M]. 上海：上海人民出版社，2002：87.

③ 侯晓靖. 价值链分析法在数字图书馆管理中的应用[J]. 现代情报，2005(5)：91-93.

④ 胡胜男. 基于用户需求的数字图书馆价值链分析[J]. 图书馆学研究，2007(6)：26-27，47.

物资的采购活动，工作人员的招聘、培训等人力资源管理活动，数字图书馆自动化和信息化建设等技术开发活动，以及计算机等硬件设备和管理软件等基础设施的购置活动。由以上基本活动和辅助活动组成的数字图书馆价值链如图 2.3 所示。

辅助活动	采购活动（日常办公用品、储备物资等的购入）			信息价值增值 用户价值增值 经济价值 社会价值
	人力资源管理（工作人员招聘、培训等）			
	技术开发活动（数据库和新软件开发等自动化和信息化建设）			
	基础设施建设（计算机等硬件设备和管理软件等的购置）			
投入性活动（购入数据库、数字资源的储存、配置等）	生产作业（提供信息资源服务及其日常管理）	营销活动（数字图书馆及其信息资源的宣传等）	服务活动（改进数字信息资源、提升用户使用感受等）	
基本活动				

图 2.3　数字图书馆价值链

3. 数字图书馆信息生态链价值的内涵

随着学者们对网络信息生态链研究的深入，国内针对网络信息生态链价值的研究成果也日益丰富。张海涛等学者对商务网络信息生态链价值的内涵①、价值模型②、价值形成机理③、价值协同创造机理④⑤等内容作了

① 张海涛，徐海玲，王丹，唐诗曼．商务网络信息生态链价值：基本框架及其概念模型[J]．情报理论与实践，2018，41(9)：12-17.

② 王丹，张海涛，徐海玲，崔阳．基于自组织理论的商务网络信息生态链价值模型演化研究[J]．情报理论与实践，2018，41(9)：18-24.

③ 张连峰，张海涛，孙思阳，孙鸿飞．商务网络信息生态链耗散结构分析与价值形成机理研究[J]．图书情报工作，2016，60(24)：69-75.

④ 孙鸿飞，张海涛，宋拓，张连峰．商务网络信息生态链自组织演化机理与价值协同创造研究[J]．图书情报工作，2016，60(17)：12-19.

⑤ 王丹，张海涛，徐海玲，崔阳．基于自组织理论的商务网络信息生态链价值模型演化研究[J]．情报理论与实践，2018，41(9)：18-24.

详尽而深入的研究。张连峰等认为商务网络信息生态链的价值是指在满足人们日益增长的社会、经济、文化等各方面需求的过程中，商务网络信息生态链的各构成要素间相互影响和作用共同形成的经济、能力、形象等多个方面的收益和效用。[①] 娄策群等学者对网络信息生态链价值的概念与类型、价值管理[②]、价值增值机制[③]、互利合作[④]、共生价值形成[⑤]等相关理论进行了探讨分析。杨小溪指出网络信息生态链的价值是指网络信息生态链通过满足社会经济、政治文化等方面活动需要而为自身所带来的经济、文化、素质、形象等多方面的影响，既包括经济价值也包括非经济价值。[⑥]

结合以上各学科领域对价值的定义、价值链理论以及信息生态领域专家对网络信息生态链和商务网络信息生态链价值的理解，我们认为数字图书馆信息生态链价值是指数字图书馆信息生态链中的各信息主体在参与数字图书馆信息活动，满足社会经济、政治、文化等需要的过程中，为自身带来的经济收益和素质、形象等非经济收益。

对于数字图书馆信息生态链价值的理解应把握以下两点：

首先，数字图书馆信息生态链的价值仅仅是针对数字图书馆信息生态链自身来说的，是为数字图书馆信息生态链及链内主体自身带来的收益，而不是为链以外的社会或其他主体带来的收益。

其次，数字图书馆信息生态链整链及链内信息主体的价值是通过数字信息流转活动获得的，既包括经济价值也包括素质、形象等精神价值。

---

① 张连峰，张海涛，孙思阳，孙鸿飞. 商务网络信息生态链耗散结构分析与价值形成机理研究[J]. 图书情报工作，2016，60(24)：69-75.

② 杨小溪. 网络信息生态链价值管理研究[D]. 华中师范大学，2012：40.

③ 娄策群，杨小溪，曾丽. 网络信息生态链运行机制研究：价值增值机制[J]. 情报科学，2013，31(9)：3-9.

④ 娄策群，庞靓，叶磊. 网络信息生态链链间互利合作研究[J]. 情报科学，2016，34(10)：43-48，60.

⑤ 张苗苗，毕达宇，娄策群. 警务情报共享中共生利益形成机制及优化对策研究[J]. 图书情报工作，2016，60(14)：135-141.

⑥ 杨小溪. 网络信息生态链价值管理研究[D]. 华中师范大学，2012：40.

2.2.2　数字图书馆信息生态链价值的类型

　　数字图书馆信息生态链的价值分类标准多种多样，按照价值获取的范围可以分为节点价值和整链价值；按照价值形成的方式有转移价值和新增价值；按照价值共享程度有独占价值和共享价值。① 按照价值的表现形式，数字图书馆信息生态链的价值主要分为物质价值和精神价值两大类，其中物质价值包括经济价值和资源价值，精神价值包含素质价值和社会价值。

　　经济价值是指任何事物对于促进经济发展、实现经济效益的作用。② 经济价值能用经济指标进行衡量，是在一定社会经济形态中满足人们经济需要的生产成果。数字图书馆信息生态链的经济价值是指在数字信息资源开发和利用过程中链内信息主体所获得的经济效益，具体表现在信息主体经济收入的增加及参与数字图书馆信息活动成本的减少两个方面。资源价值是指在一定的时空环境下资源满足人的需要的效用。③ 数字图书馆信息生态链的资源价值是指为数字图书馆信息生态链及其信息主体的发展提供物质基础、技术支撑和人才保证的基础设备、信息资源、信息技术、信息人才等要素④。素质价值主要是指观念、能力以及结构等素质的提升与变化。数字图书馆信息生态链的素质价值是指链内信息主体及整链素质的提高，具体包括知识的积累、观念的更新、能力的提升以及结构的优化等。社会价值是指社会企业活动产生的难以量化的社会影响和环境影响。⑤ 数字图书馆信息生态链的社会价值是指链内数字信息活动为链内信息主体及整条链带来的社会影响力，具体包括社会地位、社会形象、社会知名度

---

　　① 杨小溪. 网络信息生态链价值管理研究[D]. 华中师范大学，2012：40-44.

　　② 潘于旭，李德顺. 经济价值与人文价值——论区分两种价值的理论基础和意义[J]. 哲学研究，1995(7)：37-43.

　　③ 刘旭东. 资源价值及其形成过程[J]. 知识经济，2010(24)：98.

　　④ 高鹏，毕达宇，娄策群. 信息内容服务产业链利益冲突与利益平衡[J]. 情报杂志，2014，33(2)：144-148，127.

　　⑤ 孙世敏. 社会企业价值计量模型及其应用[J]. 财会通讯，2012(36)：104-108，161.

等。社会形象是指数字图书馆信息生态链及链内节点给社会公众留下的总体印象等。①

按照价值的表现形式划分，数字图书馆信息生态链价值体系如图 2.4 所示：

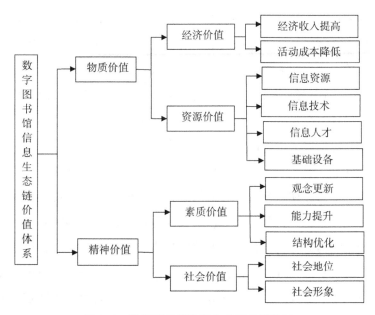

图 2.4 数字图书馆信息生态链价值体系

2.2.3 数字图书馆信息生态链的价值需求

价值需求是指在合作中，建立在主体价值认知一致的基础上，对共同发展、共同创造价值的需求。② 数字图书馆信息生态链的价值需求包括链内各信息主体的价值需求和整条链的价值需求两方面，具体体现在对价值种类和价值数量的需求。

---

① 王立清. 塑造高校图书馆的良好形象[J]. 图书情报知识，1997(3)：44-46.
② 李文丽，罗青兰. 职业师范院校"校企校合作"需求契合机制构建——以市场营销专业为例[J]. 职业技术教育，2014，35(11)：75-79.

1. 链内信息主体的价值需求

(1)信息生产者的价值需求

数字图书馆信息生态链上游的信息生产者对价值种类的需求主要是经济价值和社会价值。人的行为动力来源于个体满足"自我"和社会的利益，没有某种利益就不会产生某种行为。① 数字图书馆上游的信息生产者，如网络信息生产者、特色资源信息生产者以及书刊信息生产者等进行信息生产的主要动力之一是表达自己的思想、认识、体验等并为社会大众所知，②而根本动力来自对经济价值和社会价值的追求。一方面，上游的信息生产者在生产信息时会投入一定的时间、精力等成本，他们期望用自己生产的信息换取一定的经济价值以满足自身生存所需的物质条件，且相关知识产权制度也规定了他们可以通过版权收费来获得一定的经济报酬。另一方面，信息生产者也期望自己生产的信息被更多的信息用户使用和认可，在获得自身文化情感、自我尊重、自我实现等需求满足的同时获得一定的社会地位和影响力。因此，数字图书馆信息生态链内信息生产者最核心的价值需求是经济价值和社会价值，信息生产者对以上两种价值数量的需求则因其自身职业、素养、生活条件等一系列因素的不同而有所区别，因人而异。数字图书馆信息生态链内信息生产者的价值需求如图2.5所示。

图 2.5　数字图书馆信息生态链内信息生产者的价值需求

---

① 文庭孝，陈能华. 信息资源共享及其社会协调机制研究［J］. 中国图书馆学报，2007(3)：78-81.

② 马海群，严雯. 数字图书馆信息资源开发利用的社会价值与制约因素分析［J］. 图书与情报，2009(1)：50-54.

（2）信息传递者的价值需求

不同于商务网络信息生态链，数字图书馆信息生态链中有公益性质和营利性质两种类型的信息传递者。链内核心节点数字图书馆属于公益性质的信息传递者，而书刊出版发行商、数据库商则是营利性质的信息传递者。无论是公益性质还是营利性质的信息传递者，其对价值种类的需求均是经济价值、资源价值、素质价值以及社会价值四种类型，不同的是其对每种价值的数量期望及需求程度。

高校数字图书馆、公共数字图书馆等公益性质的信息传递者主要由政府拨款进行建设，这类数字图书馆是不以营利为目的的，其下游的数字信息用户大都是无偿免费使用数字图书馆所提供的数字信息资源。机构数字图书馆虽然也是公益性质的，但其是由相关机构自行出资筹建，仅对本机构内部人员提供免费数字信息服务。以上三种公益性质的数字图书馆，虽然建设经费来源不同，但其建设经费都极其有限，所以均希望在有限的建设经费预算内，获取必要的信息资源、基础设施、信息人才等资源以保障数字图书馆的正常运行，同时他们也会尽可能避免不必要的开支，节约建设成本，避免预算超支。例如数字图书馆之间的文献传递、馆藏互借等会降低数字图书馆购买数字信息资源的金钱投入成本，从而使数字图书馆获得一定经济收入。由此可见，资源价值和经济价值是数字图书馆的基本价值需求，是数字图书馆正常运行的基础和保障。上述三类公益性质的数字图书馆均是服务主导型数字图书馆，其建设的根本任务是服务下游的信息用户、使信息用户的信息需求尽可能得到满足，信息用户的满意度是衡量他们业绩的重要指标，也是他们社会形象、社会声誉和社会影响力的重要体现，更是其最终和最重要的价值追求。此外，为了更好地服务下游的信息用户，数字图书馆还会不断地更新观念，打造优秀组织文化，提升组织内部成员的业务能力，优化组织内部结构和业务流程等，从而提高数字图书馆的服务能力。可见，社会价值是数字图书馆最想获得也是需求数量最大的核心价值需求，数字图书馆对经济价值、资源价值和素质价值的需求只是其获得社会价值的前提和基础。

不同于数字图书馆的公益性质，书刊出版发行商、数据库商等营利性质的信息传递者进行信息传递活动需要自给自足、自负盈亏，他们以经济价值为核心价值追求来有目的地收集各类信息资源，有针对性地为各类数字图书馆提供信息产品和服务，然后通过市场获取其生存和运营所需的各类物质价值，① 例如出版商和数据库商将从信息生产者那里获取的信息提供给数字图书馆时会获得数字图书馆支付的购买费用。和数字图书馆一样，营利性质的信息传递者除了需要经济价值、资源价值等物质价值以及能提升企业价值创造能力的素质价值外，也比较看重自己企业给链内其他信息主体和社会公众带来的社会影响，期望自己的企业能获得一定的社会形象、社会声誉等社会价值。不同的是，营利性质的信息传递者获取社会价值的最终目的是为了吸引更多的信息资源采购者，掌握信息产品定价主动权，从而获取更大的经济价值。也就是说，经济价值是营利性质的信息传递者最核心的价值需求，其他种类的价值需求只是其获得经济价值的途径和手段。数字图书馆信息生态链内信息传递者的价值需求如图 2.6 所示。

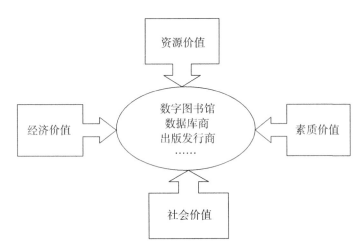

图 2.6　数字图书馆信息生态链内信息传递者的价值需求

① 高鹏. 信息内容服务产业链利益协调研究［D］. 华中师范大学，2015：52.

（3）信息消费者的价值需求

信息用户是指所有利用信息内容产品或服务的一切社会成员。① 数字图书馆信息生态链内信息用户也叫信息消费者，是指利用数字图书馆数字信息资源和数字信息服务的所有人员，主要包括高校师生、企事业单位科研人员以及普通社会大众。数字图书馆信息生态链下游的信息消费者获取数字信息或使用数字图书馆数字信息服务时最核心和首要的价值需求是素质价值，其次是经济价值。

不同的信息消费者素质价值需求的侧重点也不一样。例如，高校师生及科研人员等信息用户利用数字图书馆的期刊、书籍等数字信息和一些数字信息服务主要是为了积累知识，提高自己的专业水平、业务能力或知识结构；而一般的社会大众利用数字图书馆获取利用小说、音乐、健身、烹饪等方面的数字信息则是为了获得身心的放松和精神的愉悦。与上游的信息生产者和营利性信息传递者的经济价值需求不同，数字图书馆信息生态链下游的数字信息用户主要通过降低信息活动成本来获取一定的经济价值。一方面，下游的信息消费者主要面对的是公益性质的数字图书馆这一信息传递者，大多数情况下可以免费使用数字图书馆信息服务，不用投入金钱等经济成本。另一方面，相较于传统图书馆，数字图书馆对一次信息进行加工整理使其条理规范化，提高了信息消费者获取和利用信息的效率，降低了信息用户的时间成本，从而使其获得一定的经济价值。② 数字图书馆信息生态链内信息消费者者的价值需求如图 2.7 所示。

图 2.7　数字图书馆信息生态链内信息消费者的价值需求

---

① 张洋．网络信息资源开发与利用[M]．北京：科学出版社，2010：239.

② 吕雪冰．基于用户需求的数字图书馆价值的实现[J]．图书馆学刊，2013，35（4）：104-105.

2. 整链价值需求

整链价值需求是指整条链对价值种类和数量的需求。数字图书馆信息生态链整链价值需求主要有物质价值和精神价值两个方面。整链价值主要有两类，一是节点能单独获得或能进行二次分配的价值；二是不能分配且单个信息主体不能体现，只有整链能够获得的价值。①

数字图书馆信息生态链整链价值需求的实现依赖于链内各信息主体价值需求的实现。数字图书馆信息生态链整链的物质价值需求可视为链内所有信息主体物质价值需求的总和，而不是链内某一信息主体物质价值的增加。数字图书馆信息生态链整链的精神价值需求主要体现在整条链较高的结构稳定性和运行效率以及整条链形成的良好社会形象。数字图书馆信息生态链整链精神价值需求的满足离不开链内各信息主体各方面的相互协调、相互包容以及共同努力。数字图书馆信息生态链整链的价值需求如图2.8 所示。

图 2.8　数字图书馆信息生态链整链的价值需求

2.3　本章小结

在本章的研究中，我们通过对国内外大量相关文献的搜集和整理，对数字图书馆信息生态链价值平衡的相关基础理论进行了较为全面的总结和

---

① 刘月学. 图书馆信息服务生态链的价值增值研究[J]. 图书馆研究，2017，47（3）：12-18.

深入的探讨。我们对数字图书馆信息生态链的概念进行了界定，并对其特性、构成要素、主要类型进行了归纳分析，在此基础上探究了数字图书馆信息生态链价值的内涵，归纳并总结出数字图书馆信息生态链价值的类型、链内信息主体及整条链的价值需求，为后文对数字图书馆价值平衡概念及标志的提出打下理论基础。

第3章　数字图书馆信息生态链价值平衡的概念及标志

本章在数字图书馆信息生态链及其价值等相关研究的基础上，对数字图书馆信息生态链价值平衡的内涵和属性进行了探讨，采用多轮专家调研的方法确定了数字图书馆信息生态链价值平衡的标志，并对数字图书馆信息生态链价值平衡的标志进行了具体分析。

3.1　数字图书馆信息生态链价值平衡的内涵及属性

3.1.1　数字图书馆信息生态链价值平衡的内涵

平衡是矛盾冲突双方暂时的静止状态，这种状态会随着矛盾双方力量的变化被打破，导致冲突加剧，① 其后矛盾的各方主体会借助一定的协调途径缓解冲突使其重新回到相对稳定②。价值平衡也叫利益平衡或利益协调，其有多重词性和理解角度：将它当作状态形容词时，价值平衡是指利益主体在一定利益格局和体系下相对和平共处和相对均势的状态；③ 将其理解成过程动词时，价值平衡是指包括国家、集体以及个人在内的不同利益主体为形成和谐的利益关系和合理的利益结构而对不和谐的利益关系和

----

① 柳新元. 利益冲突与制度变迁[M]. 武汉：武汉大学出版社，2002：10-13.

② 牛巍. 网络环境下信息共享与著作权保护的利益平衡机制研究[D]. 中国科学技术大学，2013.

③ 陈伟斌，张文德. 基于利益平衡的网络信息资源著作权补偿原理研究[J]. 图书馆学研究，2013(19)：92-96，101.

不合理的利益结构进行的自觉的、有意识的调整过程,① 也指在充分考虑各主体利益需求的基础上,统筹兼顾,合理调节和化解各种利益矛盾,妥善处理整体利益与局部利益、当前利益与长远利益、物质利益与精神利益等方面的关系②。结合价值平衡(利益协调)的概念,我们认为数字图书馆信息生态链的价值平衡是指合理调节和化解数字图书馆信息生态链各主体自身及主体之间的价值冲突,保障价值分配的相对公平,使链内各主体合理的价值需求得到满足。数字图书馆信息生态链价值平衡不仅是数字图书馆信息生态链有序运行的重要标志,也是数字图书馆建设的主要目的。

对于数字图书馆信息生态链价值平衡这一概念,应明确以下几点:

第一,数字图书馆信息生态链价值平衡的主体是链内的各类信息主体。按照其所在信息生态链中的功能来划分,数字图书馆信息生态链主要包括三类价值主体:信息生产者、数字图书馆和信息用户。信息生产者主要包括书刊信息生产者、网络信息生产者、特色资源信息生产者以及数据库提供商;数字图书馆主要有高校数字图书馆、公共数字图书馆和科研机构数字图书馆三类;信息用户主要包括利用型信息用户和反馈型信息用户两大类。③

第二,数字图书馆信息生态链价值平衡的客体是各种形态的价值。按照其所满足主体需要的性质来划分,数字图书馆信息生态链主要包括两类价值客体:满足主体衣食住行等各种物质需要的物质价值(经济价值),以及满足主体各种理性、情感、知识、意志等需要的精神价值(文化、素质、形象等非经济价值);按照主体对其需求程度来分,可分为主体最期望获得的主导价值和主体期望较低的辅助价值。

第三,数字图书馆信息生态链实现价值平衡的方式主要是合理分配新

① 汪燕. 和谐社会与行政公益诉讼——从利益协调视角探讨[J]. 成都教育学院学报, 2006(4): 1-4.

② 杨少垒. 马克思恩格斯利益协调思想的当代解读[J]. 求实, 2009(9): 4-7.

③ 魏傲希. 基于系统动力学分析的数字图书馆信息生态链运行机制研究[D]. 吉林大学, 2015: 20.

增价值与妥善调解价值冲突。合理分配新增价值是指采用各主体均认可的价值分配方式方法对新增价值进行分配，它并不是价值的绝对平均分配，而是一种动态的、相对公平的价值分配过程。妥善调解价值冲突是指采用恰当的调解方式调节链中单个主体自身、同级主体间以及上下级主体间的价值量和价值类型冲突。

第四，数字图书馆信息生态链价值平衡的目的是满足链内各主体合理的价值需求，使链内各主体在价值量和价值类型的冲突中找到现实的平衡点，实现价值的相对公平、合理和最优化分配，保障数字图书馆信息生态链的稳定性及信息流转效率。

同时，需要指出的是，价值平衡状态是一种较为理想的状态，数字图书馆信息生态链内信息主体自身及主体间的价值冲突是一种必然的客观存在，[①] 数字图书馆信息生态链只能通过不断调整使链内主体自身及主体间的价值达到相对平衡状态。虽然真正的价值平衡很难达到，但数字信息生态链内信息主体间相对公平的价值分配和价值平衡仍有利于消除过于频繁和激烈的价值冲突，提升数字图书馆信息生态链整体的效率。

3.1.2 数字图书馆信息生态链价值平衡的基本属性

（1）数字图书馆信息生态链价值平衡的相对性

数字图书馆信息生态链的价值平衡是相对的，不存在绝对平衡的数字图书馆信息生态链。首先，数字图书馆信息生态链内不同信息主体的价值需求是不一样的，对价值大小的评判标准也有很大差异。对于同一条数字图书馆信息生态链，价值需求满足度较好的信息主体可能认为其达到了价值平衡，而价值需求满足度较差的信息主体可能认为其没有达到价值平衡。其次，在数字图书馆信息生态链价值分配的过程中，由于涉及因素较多，且许多非经济价值无法量化，很难做到价值分配的绝对公平，只能做

---

① 高鹏，毕达宇，娄策群．信息内容服务产业链利益冲突与利益平衡[J]．情报杂志，2014，33（2）：144-148，127.

到相对公平的价值分配。最后，从整体上来看，数字图书馆处于价值平衡状态，但其内部可能存在局部不平衡或平衡度不高的现象。因此，数字图书馆信息生态链价值平衡状态对同一时期的不同主体或同一主体在不同时期而言是不同的。

（2）数字图书馆信息生态链价值平衡的动态性

数字图书馆信息生态链价值平衡是一种动态而非静态的平衡。一方面，数字图书馆信息生态链每天都与外界进行着信息的流转、能量流动与物质循环，链内各信息主体之间、信息主体与信息环境以及信息环境因子之间不断相互作用、相互协调，使数字图书馆信息生态链达到价值平衡状态。另一方面，数字图书馆信息生态链达到价值平衡状态后，也会由于链内外某些因素的变化而使链的价值平衡状态发生改变，然后又通过链的自我调节和外界干预等手段达到新的价值平衡状态，使数字图书馆信息生态链的价值平衡状态处于平稳变动中。数字图书馆信息生态链的动态价值平衡遵循"平衡—打破—协调—平衡"的价值平衡周期。

（3）数字图书馆信息生态链价值平衡的复杂性

首先，数字图书馆信息生态链价值平衡的主体是各类信息人，对人的协调本就难于对其他生物的协调，再加上链内各信息主体间的关系复杂，包括竞争、合作、平等、互惠、互动、共生等多元复合关系，所以对链内主体间价值的分配及协调就更为复杂和困难。例如，数字图书馆信息生态链上游的各数据库提供商之间在其拥有数字信息资源的数量、质量等方面就存在竞争关系；数字图书馆通过购买数据库与数据库提供商形成合作关系；数字图书馆之间通过文献传递与馆际互借等联盟形式形成合作互惠关系。其次，数字图书馆信息生态链价值平衡是综合性的平衡，既涉及价值的数量又涉及价值的种类，既包括可以量化的经济价值又包括形象、素质、文化等难以计量的非经济价值，既有各信息主体自身的价值平衡又有信息主体之间及整链的价值平衡，以上因素均增加了数字图书馆信息生态链价值平衡的复杂性。

（4）数字图书馆信息生态链价值平衡的可外控型

数字图书馆信息生态链在实现价值平衡、维持价值平衡以及恢复价值平衡的过程中有一定的自我调节能力，但其自我调节能力是有限的。当数字图书馆信息生态链各信息主体价值冲突较小时，一般可以通过链内各信息主体的自我调节来达到或者恢复链的价值平衡状态；当数字图书馆信息生态链内的价值冲突超过了链的自我调节能力所能处理的极限，数字图书馆信息生态链就很难通过自我调节来达到或恢复价值平衡状态，这时就要借助外部力量的控制来合理分配新增价值，妥善调节链内主体的价值冲突，使其达到价值平衡状态。例如，在数字图书馆信息生态链中，数字图书馆和著作权人之间的版权冲突频发，且矛盾仅依靠双方自身的调节很难化解，对此，国家出台的《信息网络传播权保护条例》中第七条则明文规定图书馆、档案馆等公益性质的机构可以不经著作权人许可，合理使用其部分作品，由此便很好地解决了数字图书馆与著作权人之间的价值冲突。

3.2　数字图书馆信息生态链价值平衡标志确定

数字图书馆信息生态链价值平衡的标志是指数字图书馆信息生态链内价值主体达到价值平衡时的状态和表现。本书拟采用多轮专家调查法来确定数字图书馆信息生态链价值平衡的标志。

3.2.1　研究方法的选取

专家调查法亦称德尔菲(Delphi)法，是通过一种规定程序对相关领域专家进行调研、访谈，凭借专家的理论知识、实践经验和主观估计能力，对研究问题进行分析和预测的一种方法。专家调查法最大的优点是它是一种有根据的主观判断，在统计数据不足、没有相关理论可以借鉴的情况下，也能对研究对象做出有效分析和预测。我们决定选取专家调查法来确定数字图书馆信息生态链价值平衡的标志主要有以下几点原因。

首先，数字图书馆信息生态链价值平衡标志的研究可供借鉴参考的资料和理论比较少。目前针对数字图书馆信息生态链的研究主要集中在概念、结构、运行机制等方面，虽有不少学者对数字图书馆的价值进行了探讨，但也仅是从数字图书馆整体出发，并未对链内各主体的价值及其平衡状态进行研究；而网络信息生态链价值管理及价值增值、供应链利益协调和利益相关者利益分配等相关理论中也极少涉及价值平衡或利益协调标准。虽然本书对数字图书馆价值平衡的概念属性进行了归纳分析，但所得出的结论难免有所欠缺，理论完整性和成熟度不够，因此需要吸取相关专家的意见和建议。

其次，个人访谈、探索性因子分析、模糊综合评价等分析方法并不适用于数字图书馆信息生态链价值平衡标志的研究。数字图书馆信息生态链价值平衡机理比较复杂，涉及的价值主体范围较广、数量较多，既有上游的信息生产者、出版商以及数据库商，又有核心节点数字图书馆及其工作人员，还有下游的各类数字信息用户，以上几类价值主体身份不同、所站的角度不同，对价值的需求也各不相同，如果对其分别进行个人访谈，很难对数字图书馆信息生态链价值平衡标志得出一致意见。探索性因子分析需要的样本数据量比较大，而针对数字图书馆信息生态链价值平衡标志设计的调研问题一般理论性和专业性都较强，很难找到足够适合调研的对象。

再次，数字图书馆信息生态链价值平衡的研究理论性和专业性都较强，对数字图书馆信息生态链价值平衡标志的认识、选取及判断均需要相关的专业背景与知识结构。虽然目前信息生态学理论体系已随着学者们对信息生态系统及信息生态链等问题研究的深入而不断完善，但对于没有相关理论基础与研究经验的人来讲，要想对数字图书馆信息生态链价值平衡的相关问题得出科学合理的研究结论是比较困难的。

最后，专家调查法对资料少、未知因素多、希望靠专家经验判断的问题尤为适用，① 通过对专家进行访谈调研这种简单而直观的方法，能够及

---

① 郭显光.专家调查法的组织与数据处理[J].安徽财贸学院学报，1989(5)：19-22.

时高效地获得相关研究资料和研究结论。当我们面临数据不全、理论不完善、专业性较强、理解困难度高的问题时，专家调查法提供了一种对该问题进行预测分析和判断的手段，[①] 专家调查法能够借助专家们的知识积累以及相关经验对这类问题提出科学合理的意见。

鉴于以上几点原因，本书决定采用多轮专家调查法对数字图书馆信息生态链价值平衡的标志进行研究，具体包括问题开放式首轮调研、选择评价式第二轮调研以及优化重审式第三轮调研。

专家调查法能否取得理想结果，关键在于调查对象的选择。所选专家应具有广泛代表性，要对研究问题比较熟悉，且所选专家人数一般以 10～50 人为宜，不宜太多也不宜太少。考虑以上两点，笔者于 2018 年 12 月至 2019 年 1 月，通过电子邮件、面对面交流、电话等方式对数字图书馆和信息生态领域 20 名专家(包括 8 名数字图书馆领域专家、8 名信息生态领域专家以及 4 名情报学专业博士生)进行了多轮问卷调查，轮番征询专家们对数字图书馆信息生态链价值平衡标志的认识与看法。

考虑到一些专家比较忙，可能没有时间回复邮件，且直接交流可能会获取更多信息，所以在进行多轮专家调研时，如果时间、地域等条件允许的情况下，笔者会优先选择面对面或电话语音交流，将专家调查表发放给受访专家，然后对其回答进行录音，每轮调查结束后及时整理录音，将其回答进行文字还原。还有一部分专家则受条件限制或遵循其个人意愿采用电子邮件形式对其进行多轮函询。

3.2.2 专家调查法第一轮——开放式调研

在首轮开放式专家问卷调查中，笔者根据此次访谈的目的和需要解决的问题拟定了第一轮数字图书馆价值平衡标志专家调查问卷(见附录 1)。在首轮开放式问卷中，笔者首先交代了此次调查的背景及调查方式，然后询问被访专家对数字图书馆信息生态链价值平衡的认识以及应从哪些方面

---

① 陈玉祥. 专家调查法[J]. 青年研究，1983(4)：63-64.

去考虑价值平衡的表现(标志),最后征询专家们对数字图书馆信息生态链中价值不平衡或利益不协调现象的看法。

在首轮专家调研中,专家们主要就数字图书馆信息生态链价值平衡的标志以及价值不平衡的表现这两个问题进行了回答。在首轮开放式专家调查结束后,笔者对 20 位专家(包括 8 名数字图书馆领域专家、8 名信息生态领域专家以及 4 名情报学专业博士生)的调查问卷进行了汇总、分析和归纳。表 3.1 分别列举了部分专家对以上两个问题的代表性回答内容。

表 3.1　部分专家对数字图书馆信息生态链价值平衡的认识及其观点解析

专家编号	回答内容	观点分析归纳
01	价值平衡,之所以提出"平衡"这个概念,应该是因为有价值不平衡的现象或者价值冲突存在,所以我认为数字图书馆信息生态链价值平衡应该就是链内信息主体间不存在价值冲突或者利益纠纷,这样就应该算是达到价值平衡了	不存在价值冲突
06	价值平衡的标准,只是相对于混乱的信息链条来说。这种有管理的、信息流转比较顺畅、价值流转比较好、比较有规律的链才能达到价值平衡。信息流转顺畅,信息用户的需求能够反馈到信息生产商,数字图书馆获取各类生产商和用户的需求,深入解析,达到精准服务,从而满足信息用户的需求。价值实现上,信息生产商通过付出时间金钱的投入,通过一定渠道实现价值,比如获得经济利益,从而使得我能够不断地优化信息生产链,达到价值最大化。总的来说,主要分为两点,一是信息流转顺畅、速度快、有效率,二是价值实现有较好的渠道,且具有可持续性。另外,各个节点自身的能动作用也很重要,不断去优化自身结构,去创新和改进,而且是顺着信息链循环实现	信息流转顺畅;需求反馈和获取精准;满足需求;价值实现渠道较好;节点自身能动作用较强

续表

专家编号	回答内容	观点分析归纳
07	价值平衡从理论上说应该是整个链内所有的人都获得了自己想要的东西，但是价值平衡和信息生态平衡一样具有动态性和相对性。要使链内每个人都能被完全满足，这样的标准太高了，要求得太完美了，现实中也太难达到了。所以我觉得部分人如果达到一定程度就能算平衡，就是大部分人得到满足，小部分人处于即将得到满足的情况下，差不多就能算是平衡了，也不能一概而定。平衡的标志我觉得只要大部分得到自己想要的，另外那部分没有得到，就是看整体的比例，只要比例合理的话，我觉得还是能够算平衡	大部分人得到自己想要的；整体比例合适
08	既然是链的价值平衡，必然涉及链内上中下游主体之间的价值分配，如果链内价值分配合理，链内每个信息主体都获得了自己想要的价值，比如数据库商获得了自己想要的数据库要价，数字图书馆为信息用户提供了较好的信息服务，数字信息用户获得了数字信息增长了文化知识，这样他们之间应该就算达到了平衡状态，整条链也达到了价值平衡。而链内信息主体获得的价值与他投入的成本是否匹配是衡量价值分配合理度的重要指标	价值分配合理；主体获得想要价值；获得的价值与他投入的成本匹配
13	我觉得整条生态链的价值平衡并不是所有参与者都获得了自己想要的价值，而是活动参与者付出的努力能够顺利获得相应的收获，平衡的生态链是能为每个人提供平等参与的机会，通过一定的活动可以获得相对应的收获，整个活动路径通畅	付出的努力能够顺利地获得相应的收获；为每个人提供平等参与的机会
18	整个数字图书馆价值链平衡的话，首先，就是个人期望获得的价值是合理的吧，是价值链所能够产生的价值。不能说链只能生产 100 的价值量，大家都想要得到 10000，这样的要求就是不合理也不可能实现的。然后在这个基础上，每个人按照自己的投入获得自己想要的，不能说完全不投入却获得比别人还多的吧，有点像是按劳分配的那种，就相对比较公平。价值链的不同节点的人期望和实际获得的东西应该都是不一样的吧，付出也不一样。如果从价值链上获得的价值的种类和数量超出了自身所处的位置，那就是不平衡的	期望获得的价值是合理的；按照自己的投入获得自己想要的；相对比较公平；获得的价值的种类和数量不能超出自身所处的位置

由表 3.1 可知，专家们对数字图书馆信息生态链价值平衡标志的认识主要集中在以下几个方面：一是链内不存在价值冲突，二是主体价值需求得到满足，三是价值分配公平合理，四是付出、投入与所获得的匹配，五是主体价值期望合理。专家们基本上是从数字图书馆信息生态链内信息主体的角度提出价值平衡的标志，且大多认为链内信息主体所得价值与投入是否相符是数字图书馆信息生态链价值平衡与否的重要标志。

部分专家对数字图书馆信息生态链内价值不平衡的举例及其观点解析如表 3.2 所示。

表 3.2　部分专家对数字图书馆信息生态链内价值不平衡的举例及其观点解析

专家编号	回答内容	观点分析归纳
02	不平衡的地方比如论文收录里面显示的论文被下载或者查看的数量，有时候更新较慢。还有就是像我刚才说到的，我在搜索的时候，想得到内容层面东西的时候，一般只能提供表面层次的信息，虽然知网提供元知识的检索，但是并不能够完全满足我，搜索的深度还不够。还有就是同类型的资源分布在不同数据库，这些数据库很少有关联，检索工作量大	数字资源更新慢；可供检索深度不够；不能完全满足需求；检索工作量大
06	数字图书馆对信息生产商提供的信息知识的组织不够合理，这是最突出的一点，我觉得现在信息生产商提供的信息还是很丰富的，主要是数字图书馆作为中介代理，如何有效获取、组织、提供给用户，与用户需求进行匹配，也就是现在数字图书馆做的事情太少了，在针对用户需求方面的精准推荐和服务方面有所欠缺	数字图书馆对知识组织不够合理；针对用户需求方面的精准推荐和服务方面有所欠缺
09	我们学校图书馆每年购买数据库要花费大量资金，特别是一些垄断型数据库，比如知网和万方，尤其是知网每年都涨价，并且涨幅一年比一年高，学校图书馆经费预算有限，但是对知网这样高校师生使用率高的数据库，虽然总是超出购买预算也不得不挤压其他数据库购买经费来购买它。很不公平的是知网里面的很多数字资源比如学术论文和硕博论文是我们学校自己师生生产的，回头去知网下载或使用它们却图书馆为它们付钱买单	收费太高，不合理；自己生产的信息却要花钱付费使用

续表

专家 编号	回答内容	观点分析归纳
14	比如我们作为科研工作者也是期刊论文的创作者，在发论文的时候基本没有稿酬，反而需要支付版面费；而所在学校的数字图书馆在购买相关数字库时却也仍旧需要支付高额的购买费。个人觉得这是目前参与数字图书馆信息生态链活动中很不合理、很不平衡的地方	科研工作者生产信息稿酬很低，使用数据库却要高额付费
19	不知道为什么总感觉数字图书馆的利用率还不够高吧，有些信息用户不会用数字图书馆或者不了解数字图书馆，而且学校数字图书馆里面有很多高价购买回来的数据库却没有多少人访问，造成金钱和资源的极大浪费。这可能和大众素质、数字素养也有关联	数字图书馆利用率不够；金钱投入与数据库使用情况不符

由表 3.2 可知，专家们认为数字图书馆信息生态链内价值不平衡或利益不协调现象主要存在于以下两个方面：一方面是数字信息用户的数字信息需求不能完全得到满足，另一方面是链内数字信息生产者、数据库商、数字图书馆以及数字信息用户之间的经济价值有冲突。

通过对第一轮专家调查问卷结果进行汇总整理，结合表 3.1 和表 3.2 将专家们较为典型和相似的意见进行归纳合并，笔者初步得出如表 3.3 所示的数字图书馆信息生态链价值平衡标志指标体系。该指标体系共包括四个维度，分别是价值冲突调解妥善、新增价值分配公平、价值需求结构合理、合理需求得到满足。

表 3.3　数字图书馆信息生态链内价值平衡标志指标体系(第一轮结果)

维度	价值平衡标志	具体说明
价值需求结构合理	主体对价值种类及数量的需求与新增价值吻合	链内主体期望获得的价值种类及数量与整条链内价值增值的类型及数量一致
	主体对价值种类的需求与主体地位匹配	链内主体对价值种类的需求符合其所处链内角色及其社会身份
	主体对价值数量的需求与主体投入相符	链内主体期望获得的价值数量应与其投入的成本相符

续表

维度	价值平衡标志	具体说明
新增价值分配公平	主体的要素投入与其价值回报相符	链内主体获得的价值回报与其参与链内信息活动投入要素的多少相符
	主体的贡献-产出与其他主体贡献-产出相比合理	链内主体参与链内信息活动的贡献-所得和其他信息主体的贡献-所得相比较是合理的
合理需求得到满足	主体获得价值种类及数量与价值需求一致	链内主体实际获得的价值种类及数量完全符合甚至超过其心理预期
	主体获得所有主导价值及部分辅助价值	链内主体获得了所有自己期望值较高的价值以及部分期望值较低的价值
	主体获得大量主导价值及部分辅助价值	链内主体获得主导价值的数量超出了自己的期望,得到辅助价值的种类及数量低于自己的心理预期
	主体获得大部分主导价值和大量辅助价值	链内主体得到主导价值的种类及数量略低于自己的心理预期但获得辅助价值的数量远大于自己的预期
价值冲突调解妥善	价值数量冲突调解妥善	链内主体期望获得的价值数量与实际获得的价值数量之间的差距能得到很好调解
	价值种类冲突调解妥善	链内主体期望获得的价值种类与实际获得的价值种类不相符的矛盾能得到很好解决

3.2.3 专家调查法第二轮——评价式调研

笔者将由第一轮专家调查得出的数字图书馆信息生态链价值平衡标志指标体系(表3.3)再次发放给之前所选的20名专家进行第二轮专家评定,请专家们对价值平衡标志的划分维度及其具体标志因子提出修改意见,并补充表3.3中欠缺的标志,具体调查问卷如附录2所示。第二轮专家调查结束后，笔者对专家们的意见进行了汇总整理，表 3.4 列举了部分专家的修改意见。

表 3.4　数字图书馆信息生态链内价值平衡标志指标体系专家修改意见举例

专家编号	专家意见	观点分析归纳
05	个人觉得表 3.3 中归纳的价值平衡标志的 4 个维度有点宽泛，并且有些维度并不是同一层次的，最明显的就是价值冲突调节妥善和新增价值分配公平这两个维度，我觉得价值冲突应该是在价值分配过程中出现的，价值冲突调解是确保价值分配公平的一种协调手段和方式，而不应该和价值分配公平一样作为价值平衡标志的一个维度。其次就是有些维度之间有交叉，合理需求得到满足应该已经包含价值需求合理这个维度	划分维度欠妥，有交叉；价值冲突调解妥善不属于价值平衡标志；合理需求得到满足包含价值需求结构合理这个维度
06	合理需求得到满足这个维度里的价值平衡标志太多了，并且里面的各个标志感觉有重复需要合并归纳一下。还有这几个标准里特别是后面三个的界限和区别好像是不是很大，让人难以看出差别。比如，主体获得所有主导价值及部分辅助价值这个标志和主体获得大量主导价值及部分辅助价值这个标志里面的"所有""大量""部分"这些词语界限并不是很明确，让人看了不是很明白	合理需求得到满足里面的标志太多；标志的界限不是很清晰很明确
08	我觉得有些维度划分有点重复，比如"价值需求结构合理"和"合理需求得到满足"这两个维度就有交叉重复。还有些标志的含义解释说明不是太清楚，有的有点抽象，比如主导价值和辅助价值的说法，在对标志进行解释说明的时候没有很好解释这两种价值的含义和区别，还有对某些标志（比如价值种类、链内角色等）进行解释说明时建议举例将抽象概念具体化	维度划分有交叉重复；标志解释说明不够详细、具体

续表

专家编号	专家意见	观点分析归纳
09	表3.3中的平衡标志维度划分比较全面和细致，但我认为新增价值分配公平这一维度里主体投入要素与其价值回报相符这一标志，是不是应该把"主体承担的风险"考虑进来，即主体所承担风险的大小应与其价值回报相对应，这也是价值分配客观公平的一个方面；还有就是，价值平衡的标志是否还应包含信息用户的潜在信息需求能够被激发和满足这一项？数字图书馆的潜在价值应该被用户所感知	应将主体承担风险与价值回报一致补充到新增价值分配客观公平中
15	价值冲突调解妥善与其他几个维度并列是否不太恰当？价值平衡标志应该是链价值平衡时的表现，而价值冲突调解只是价值平衡过程中的一部分，价值冲突调解妥善最后的表现应该是主体价值需求得到满足，这才是价值平衡的标志，所以我建议将价值冲突调解妥善这一维度删除	维度划分不恰当；应将价值冲突调解这一维度删除

由表3.4可知，在第二轮专家调查中，专家们对由第一轮汇总归纳得出的数字图书馆信息生态链价值平衡标志指标体系的意见和建议主要集中在以下三方面。

（1）价值冲突调节妥善不属于数字图书馆信息生态链价值平衡标志

专家们认为价值冲突调节妥善不属于数字图书馆信息生态链价值平衡标志这一维度，主要有两方面原因：一方面，价值冲突是利益双方基于利益矛盾而产生的利益纠纷和利益争夺过程,[1] 它主要是在价值分配过程中产生和出现的，对价值冲突的调解是进行公平而有序价值分配的基础和前提，也是确保价值分配公平、合理的一种手段和协调方式，从这个角度

---

[1]　张玉堂. 利益论[M]. 武汉：武汉大学出版社，2001：55.

看，价值冲突调解妥善并不属于价值平衡标志，而是属于价值平衡过程；另一方面，价值冲突调解妥善这一过程的效果最终表现在链内信息主体的价值公平度感知和价值需求满足度上，从这一角度来看价值冲突调节妥善也不应归为价值平衡标志这一维度。鉴于以上两方面的原因，笔者也认为价值冲突调解妥善不属于数字图书馆价值平衡标志的范畴，应该将其从价值平衡标志指标体系中删除。

（2）某些价值平衡标志因子需要合并、调整、补充和完善

大多数专家认为合理需求得到满足这个维度里的价值平衡标志过多且标志之间的界限不够清楚明晰，比如"主体获得所有主导价值及部分辅助价值"与"主体获得大量主导价值及部分辅助价值"这两个标准有点难以区分；此外，合理需求得到满足已经包含了价值需求结构合理这一层意思。针对以上两点建议，笔者与小组成员进行讨论后决定将合理需求得到满足这一维度调整为价值需求得到满足，且将价值需求得到满足这一维度里的"主体获得所有主导价值及部分辅助价值"这一价值平衡标志删除。针对部分专家补充提出的主体所承担风险与价值回报一致这一标志，小组成员一致认为可在新增价值分配公平这一维度中添加"主体所承担风险与其价值回报相对应"这一标志。

（3）对价值平衡标志因子的具体解释说明不够具体详细

部分专家指出表 3.3 中对部分价值平衡标志因子的解释说明不是太清楚，有的过于抽象。比如对"主体获得大量主导价值及部分辅助价值"这一标志的具体说明中应该对"主导价值"和"辅助价值"这两种价值进行简要定义和区别，让人明确其具体所指；此外对某些标志进行解释说明时使用了一些较为抽象的词，比如"价值种类""链内角色""社会地位""投入成本"等词就过于笼统和抽象，最好能举例将其具体化，便于专家理解和思考。笔者及小组成员经讨论后认真接纳了专家们的意见，对表述不清或有歧义的标志及其解释进行推敲、调整和修改，具体修改结果见表 3.5。

表 3.5 数字图书馆信息生态链内价值平衡标志指标体系(第二轮结果)

维度	价值平衡标志	具体说明
价值需求结构合理	主体对价值种类及数量的需求与新增价值吻合	链内主体期望获得的价值种类(如金钱等经济价值以及知识增长、能力提升、知名度增加等非经济价值)及数量与整条链内价值增值的类型及数量一致
	主体对价值种类的需求与主体地位匹配	链内主体对价值种类的需求符合其所处链内角色(如信息生产者、传递者、消费者)及其社会身份(如数据库商、数字图书馆馆员、教师、学生、科研工作者等)
	主体对价值数量的需求与主体投入相符	链内主体期望获得的价值数量应与其投入的成本(如金钱、时间、技术、体力、脑力等)相符
新增价值分配公平	主体的要素投入与其价值回报相符	链内主体获得的价值回报(经济价值和形象、素质等非经济价值)与其参与链内信息活动所投入要素多少一致
	主体所承担风险与其价值回报相对应	链内主体获得的价值回报(经济价值和形象、素质等非经济价值)与其参与链内信息活动所承担的风险大小对应
	主体的贡献-产出与其他主体贡献-产出相比合理	链内主体参与链内信息活动的贡献-所得和其他信息主体的贡献-所得相比较是合理的
价值需求得到满足	主体获得价值种类及数量与价值需求一致	链内主体实际获得的价值种类及数量完全符合甚至超过其心理预期
	主体获得大量主导价值及部分辅助价值	链内主体获得主导价值(主体期望较高的价值)的数量超出自己的期望,得到辅助价值(主体期望较低的价值)的种类及数量低于自己的心理预期
	主体获得大部分主导价值和大量辅助价值	链内主体得到主导价值的种类及数量略低于自己的心理预期但获得辅助价值的数量远大于自己的心理预期

3.3.4　专家调查法第三轮——选择式调研

笔者将根据第二轮专家调查修改意见修改后的数字图书馆信息生态链价值平衡指标体系(表 3.5)直接发放给专家进行第三轮专家评定,让专家们对价值平衡标志因子的重要程度进行打分,具体如附录 3 所示。我们将得到的数字图书馆信息生态链价值平衡标志专家打分结果进行统计分析,具体做法如下。

(1)建立评价指标因素集

我们依据第二轮专家调查结果得出的数字图书馆信息生态链价值平衡标志指标体系(如表 3.5 所示)将表内 8 项价值平衡标志因子建立因素集 $W=\{W_1,W_2,\cdots\cdots,W_n\}$。

(2)确定标志重要性等级得分

我们将各标志因子的重要性依次划分为非常重要、比较重要、重要、无所谓、不重要五个等级,每个等级对应的分数为 5 分、4 分、3 分、2 分、1 分。

(3)计算标志重要性得分

假设数字图书馆信息生态链价值平衡标志因子 W_n 所获非常重要、比较重要、重要、无所谓、不重要五个等级的个数分别为 X_{n1}, X_{n2}, X_{n3}, X_{n4}, X_{n5},那么平衡标志因子 W_n 的平均得分 Z_n 作为其重要性得分:

$$Z_n=(5X_{n1}+4X_{n2}+3X_{n3}+2X_{n4}+X_{n5})/(X_{n1}+X_{n2}+X_{n3}+X_{n4}+X_{n5})$$

(4)价值平衡标志筛选结果

我们规定当标志因子重要性得分 $Z_n<3$ 分时,该标志因子重要性程度较低,对数字图书馆信息生态链价值平衡影响意义不大,可以对其进行删减。将第三轮专家问卷的打分结果代入标志因子重要性得分计算公式,得出数字图书馆信息生态链价值平衡标志重要性得分,具体得分及筛选结果如表 3.6 所示。

表3.6　数字图书馆信息生态链内价值平衡标志重要性得分(第三轮结果)

维度	价值平衡标志	具体说明	重要性得分	筛选结果
价值需求结构合理	主体对价值种类及数量的需求与新增价值吻合	链内主体期望获得的价值种类(如金钱等经济价值以及知识增长、能力提升、知名度增加等非经济价值)及数量与整条链内价值增值的类型及数量一致	3.8	
	主体对价值种类的需求与主体地位匹配	链内主体对价值种类的需求符合其所处链内角色(如信息生产者、传递者、消费者)及其社会身份(如数据库商、数字图书馆馆员、教师、学生、科研工作者等)	3.9	
	主体对价值数量的需求与主体投入相符	链内主体期望获得的价值数量应与其投入的成本(如金钱、时间、技术、体力、脑力等)相符	4.7	
新增价值分配公平	主体的要素投入与其价值回报相符	链内主体获得的价值回报(经济价值和形象、素质等非经济价值)与其参与链内信息活动所投入要素多少一致	4.9	
	主体所承担风险与其价值回报相对应	链内主体获得的价值回报(经济价值和形象、素质等非经济价值)与其参与链内信息活动所承担的风险大小对应	4.3	
	主体的贡献-产出与其他主体贡献-产出相比合理	链内主体参与链内信息活动的贡献-所得和其他信息主体的贡献-所得相比较是合理的	2.8	舍弃

续表

维度	价值平衡标志	具体说明	重要性得分	筛选结果
价值需求得到满足	主体获得价值种类及数量与价值需求一致	链内主体实际获得的价值种类及数量完全符合甚至超过其心理预期	4.8	
	主体获得大量主导价值及部分辅助价值	链内主体获得主导价值(主体期望较高的价值)的数量超出自己的期望,得到辅助价值(主体期望较低的价值)的种类及数量低于自己的心理预期	3.8	
	主体获得大部分主导价值和大量辅助价值	链内主体得到主导价值的种类及数量略低于自己心理预期但所得辅助价值的数量远大于自己的心理预期	3.5	

由表 3.6 可知,第三轮调查专家打分中除了"主体的贡献-产出与其他主体贡献-产出相比合理"这一价值平衡标志因子得分低于 3 分,对衡量数字图书馆信息生态链价值平衡状态意义不大,可以舍弃;其他价值平衡标志因子得分均高于 3 分,能较好反映数字图书馆信息生态链价值平衡状态。

笔者通过和小组成员讨论并与有关专家进行咨询和沟通,最终得出"主体的贡献-产出与其他主体贡献-产出相比合理"这一价值平衡标志因子得分较低的原因:数字图书馆信息生态链价值平衡本就有主观平衡和客观平衡之分,在本书中我们重点研究的是数字图书馆信息生态链价值的客观平衡,自然研究的也是链内新增价值分配的客观公平。虽然数字图书馆信息生态链进行新增价值分配时确实有很多不可控、难计量的影响因素,但在进行分配时也应尽量客观衡量这些因素,尽可能做到价值分配的客观公平。而"主体的贡献-产出与其他主体贡献-产出相比合理"这一价值平衡标志从本质上就是一种完全依靠个人感知的主观判断,是一种典型的主观平衡标志,与我们研究的客观价值平衡相悖,因此不适于作为数字图书馆信息生态链价值平衡的标志之一，应当舍弃。

3.3 数字图书馆信息生态链价值平衡标志分析

价值平衡是在一定的价值格局和体系下，出现的价值体系相对和平共处、相对均势的状态①。数字图书馆信息生态链价值平衡实际是数字图书馆信息生态链内各主体自身及主体之间的价值平衡。本书采用专家调查法通过多轮调查问卷从价值需求结构合理、新增价值分配公平以及价值需求得到满足三个方面确定了数字图书馆信息生态链价值平衡标志。这三个价值平衡标志相辅相成、相互影响、缺一不可，共同决定和表征了数字图书馆信息生态链价值平衡状态，即链内信息主体合理的价值需求得到满足。

3.3.1 数字图书馆信息生态链内主体价值需求结构合理

需求结构原是指各类需求在需求总量中的比例，即指食、衣、住、行、用、文化娱乐品及各种非商品支出等在需求总支出中的比例关系。②数字图书馆信息生态链的价值需求结构是指链内主体不同种类价值需求在其价值需求总量中的比例。数字图书馆信息生态链价值需求结构由链内各信息主体的价值需求结构组成，只有链内各主体的价值需求均合理，整链的价值需求结构才能合理。数字图书馆信息生态链价值需求结构合理具体包括以下三个方面：

（1）主体对价值种类及数量的需求与新增价值吻合

数字图书馆信息生态链信息流转的过程也是价值创造和增值的过程，在此过程中会产生不同种类的价值。数字图书馆信息生态链主体对价值种类的需求应与整条链新增价值种类吻合，所需求的价值种类必须是链内能够产生的价值种类，否则其价值种类需求便是不合理的且永远不可能被满

---

① 吴化碧. 数字时代版权保护与信息资源共享的冲突与协调[J]. 云南师范大学学报(哲学社会科学版)，2006(6)：27-33.

② 李国杰. 现代企业管理辞典[M]. 兰州：甘肃人民出版社，1991.

足。而数字图书馆信息生态链的价值增值能力和水平受主体价值创造能力、链间协同状况以及网络信息环境等多种因素的影响,[①] 链内主体对价值数量的需求应根据具体情况充分考虑数字图书馆信息生态链实际价值增值能力,链内各主体的价值数量需求之和应与整链新增价值数量吻合,即各主体对价值数量的需求加起来不能超出数字图书馆信息生态链能够生产出的价值数量,否则其价值数量需求就不合理。

(2)主体对价值种类的需求与主体地位匹配

信息主体对价值种类的需求很大程度上取决于链内主体在信息生态链中的地位。正所谓"不在其位,不谋其政",主体在链内地位不同,从事的信息活动不同,对价值种类的需求也不相同。主体价值需求种类与其地位相匹配是判断其价值种类需求是否合理的重要标准。例如,在高校数字图书馆信息生态链中,上游的数字信息生产者期望用自己生产的信息换取一定的经济价值以满足自身的物质需求,其最主要的价值需求是经济价值;中间的数字图书馆作为数字信息传递者,参与链内信息传递活动时投入了大量资金、设备及人才,其必然需要大量经济价值来维持运转;下游的数字信息用户通过消化自己获取的信息来增长知识、提高能力,其需求主要是素质价值。如果下游信息用户期望从链内获得大量经济价值而不是素质价值,其对价值种类的需求便不合理。

(3)主体对价值数量的需求与主体投入相符

数字图书馆信息生态链内不同信息主体对链运行投入的差异很大,对价值数量的需求也不一样。主体应客观地衡量自己对整链的贡献,根据自己对链投入要素的多少来期待与之相符的价值回报,如果链内主体自身投入少,对链的贡献少,却期望获得较高的价值回报,这种价值需求就是不合理的。例如,在高校数字图书馆信息生态链中,部分信息用户参与了高校数字图书馆特色资源数据库的建设,想拥有该数据库的免费使用权限,

---

① 娄策群,杨小溪,曾丽.网络信息生态链运行机制研究:价值增值机制[J].情报科学,2013,31(9):3-9.

其价值需求便是合理的；而其他未对该数据库建设做出贡献的信息用户如果也想无偿使用这些信息资源，获取自己所需价值，其价值需求便是不合理的。需要指出的是，由于链中一些非经济价值难以量化，受主观感受影响较大，[①]且主体投入的不同要素（如体力、脑力消耗）也难以进行比较，因此，价值回报与要素投入是否匹配难以准确衡量，大部分的公平只能是相对的。此外，即使是容易计量的价值和便于比较的投入，同一数量的价值和投入对不同主体的效用是不同的，获利与投入是否匹配，不同主体有不同的感受。

3.3.2 数字图书馆信息生态链内新增价值分配公平

价值平衡的关键是价值分配公平，权力资源的平等分配是实现利益均衡的重要前提。[②]数字图书馆信息生态链中各主体在价值分配中追求的并非是具体的价值类型和绝对的价值数量，而是价值分配的公平合理。公平主要有主观公平和客观公平两种，其中主观公平是价值主体对价值分配的主观感受，是价值主体自认为其要素投入与价值回报相符，而客观公平是价值分配中的一种客观存在，是指价值主体的要素投入与其价值回报是真正相符的。数字图书馆信息生态链中新增价值的分配应客观衡量各信息主体对整链价值增值的投入和贡献，以及各信息主体参与信息流转活动时承担的风险大小，尽可能做到价值分配的客观公平。

（1）主体的要素投入与其价值回报相符

价值平衡也叫利益协调，是指投入物的价值等于产出物的价值。[③]数字图书馆信息生态链内主体的投入与回报相符是具体的、以个人为参照的价值平衡状态的客观表现，它要求主体的投入要素越多，对链贡献越大，

① 张苗苗，毕达宇．价值共创视角下公安情报共享利益冲突研究[J]．情报杂志，2018，37（9）：32-37．

② 陈波，洪远朋，卢晓云．和谐利益论[J]．社会科学研究，2010（4）：19-26．

③ 姚圣，侯晓红．会计第二报告体系的发展与设计研究[J]．上海立信会计学院学报，2008（5）：31-38．

其所得价值回报越多。数字图书馆信息生态链内各信息主体的要素投入不仅包括资金投入，还包括人才投入、设备投入、管理投入、技术投入、时间投入、体力及脑力投入等其他成本投入。数字图书馆信息生态链内各信息主体获得的价值回报包括金钱等经济价值，以及社会地位、社会形象、社会声誉、个人知识积累、素质提升、能力增强等非经济价值。一方面，由于数字图书馆信息生态链中信息主体的要素投入和价值回报既包括可以衡量的要素，也包括难以计量的要素，因此很难准确判断和衡量链内信息主体的要素投入与回报的多少。另一方面，由于数字图书馆信息生态链的特殊性，其核心节点数字图书馆大多是公益性质、不以营利为目的的，下游数字信息用户也很少有资金投入，这两类信息主体的资金投入很大一部分由政府或上级单位负担，很难真实客观衡量其要素投入。并且这两类信息主体追求的主要是形象、素质等非经济价值，其获得的价值回报数量在很大程度上依赖各信息主体的主观感受。综上所述，数字图书馆信息生态链内主体的要素投入与价值回报相符并不是绝对的而是以主体主观感受为主的相对平衡和一致。

（2）主体所承担的风险与其价值回报相对应

数字图书馆信息生态链中各信息主体在参与信息活动和合作时所承担的风险不同，在价值分配中所得到的价值回报也应不同。[①] 数字图书馆信息生态链内信息主体在参与数字信息流转活动时都会承担一定的风险，各信息主体在链内从事的信息活动不同，承担风险的类型及大小也有很大差别，信息生产者在生产数字信息时需履行学术道德规范义务，承担无意中侵犯他人知识产权的风险；数据库商进行数据库建设和运行维护时需承担投资过大、数据库销量不足的风险；数字图书馆在采购数据库时需要承担数据库质量低、使用率不高、用户满意度低的风险；数字信息用户在获取和使用数字信息资源时需承担耗时多却检索效率低的风险。一般来说，收

---

① 　杨翠兰. 基于风险和贡献的知识链成员间收益分配研究［J］. 图书情报工作，2010(14)：88-91.

益与风险相伴而生，数字图书馆信息生态链内价值分配公平要求在进行价值分配时需充分考虑链内各信息主体所承担风险的大小，承担风险大的则所获价值回报大，承担风险小的所获价值回报也应相对小些。此外，数字图书馆信息生态链内各信息主体自身也应有风险意识和风险担当精神，在参与数字图书馆信息生态链信息流转活动时不能以任何理由拒绝承担与之相对应的风险。

3.3.3 数字图书馆信息生态链内主体价值需求得到满足

图书馆的运行以满足读者的知识需求为动力。[①] 如果图书馆信息服务生态链所发挥的作用不能满足社会的相关需要，其价值就不会产生。[②] 主体利益的满足是推动图书馆信息服务发展的重要动力来源，当各方获得巨大利益之后，就会从各自的角度采取各种措施推动图书馆信息服务的发展。[③] 数字图书馆信息生态链价值需求得到满足实际是数字图书馆信息生态链内各信息主体的合理价值需求得到满足。数字图书馆信息生态链主体的合理价值需求得到满足有绝对满足和相对满足两种：绝对满足是指数字图书馆信息生态链主体的合理价值需求均能得到满足；相对满足是指数字图书馆信息生态链主体对价值种类的需求均得到满足，但所得价值数量之间可实现互补。数字图书馆信息生态链内主体价值需求得到满足主要包括以下两个方面：

（1）主体获得的价值种类及数量与价值需求一致

当信息主体获得的价值种类及数量与其价值需求一致，即链内各主体实际获得的价值种类及数量符合甚至超过其心理预期时，链内主体对所得价值种类及数量的满足程度会很高，这时很容易判断主体的价值种类及数

---

① 付立宏. 基于知识管理的图书馆运行动力机制[J]. 中国图书馆学报，2005（6）：25-28，68.

② 刘月学. 图书馆信息服务生态链的价值增值研究[J]. 图书馆研究，2017，47（3）：12-18.

③ 郭海明. 数字环境下图书馆信息服务的动力机制研究[J]. 情报杂志，2008（10）：141-143，150.

量需求得到了绝对满足。例如，高校师生作为高校数字图书馆信息生态链
中主要信息用户，其价值需求主要是获取大量素质价值(如自身知识结构
更新、学术能力提升等)以及一定形象价值(如学术影响力和社会地位提升
等)，当他们将获取的信息进行消化、吸收，完成知识积累并创作出自己
满意且很有影响力的科研成果时，便会产生很强的满足感和成就感，能很
容易感知到自己从链内获得了足量自身所需的素质价值和形象价值。

(2)主体获得某类价值较少但所获价值总量较多

当主体获得某类价值较少但所获价值总量较多时，主体的合理价值需
求会得到相对满足。链内主体合理需求得到相对满足具体有以下两种情
况：一种是主体获得大量主导价值和少量辅助价值，这时虽然辅助价值没
得到完全满足，但由于主体最侧重的主导价值得到了很好的满足，主体对
价值需求的总体满意度也会比较高，可视为主体的合理需求得到满足。另
一种是主体获得的主导价值数量略低于自己的需求，但获得大量辅助价
值，从而获得的价值总数量比较多，弥补了自己对主导价值数量的缺憾，
这时主体也会感觉比较满意，认为自己的价值需求得到了满足。需要指出
的是，主体合理需求达到相对满足的前提是主体获得了自己所需的所有价
值种类，且所得主导价值的数量不能太低，否则即使其他辅助价值的数量
比较多，也不能使主体感到满足。

3.4 本章小结

本章主要阐释了数字图书馆信息生态链价值平衡的内涵、属性以及价
值平衡的标志。数字图书馆信息生态链价值平衡主要有相对性、动态性、
复杂性和可外控性四大属性。我们采用专家调查法，对数字图书馆信息生
态链价值平衡标志进行开放式首轮调研、评价式第二轮调研以及选择式第
三轮调研，逐步深入和完善价值平衡指标体系，最终确定了价值平衡标
志。数字图书馆信息生态链价值平衡标志主要包括链内主体价值需求结构
合理、链内新增值分配公平、链内主体价值需求得到满足三个方面。其

中链内主体价值需求结构合理具体包括主体对价值种类及数量的需求与新
增价值吻合、主体对价值种类的需求与主体地位匹配、主体对价值数量的
需求与主体投入相符；链内新增价值分配公平具体包括主体的要素投入与
其价值回报相符、主体所承担的风险与其价值回报相对应；链内主体价值
需求得到满足具体包括主体获得的价值种类及数量与价值需求一致、主体
获得某类价值较少但所获价值总量较多。

第4章 数字图书馆信息生态链价值
平衡影响因素模型构建

对数字图书馆信息生态链价值平衡影响因素及其模型的研究是深入分析数字图书馆信息生态链价值平衡影响因素作用机制和提出数字图书馆信息生态链价值平衡对策的基础和前提。本章在数字图书馆信息生态链价值平衡标志研究的基础上，采用扎根理论对数字图书馆信息生态链价值平衡影响因素展开探索性研究，提炼出数字图书馆信息生态链价值平衡影响因素，并构建出数字图书馆信息生态链价值平衡影响因素初始模型。在此基础上，采用专家调查法对数字图书馆信息生态链价值平衡影响因素进行进一步探索，根据专家们对模型的修改意见以及对影响因素重要性打分结果，不断修正和完善模型，最终得出数字图书馆信息生态链价值平衡影响因素理论模型。最后，界定和归纳了理论模型中各影响因素的内涵和维度，并简要分析了各影响因素之间的关系以及各影响因素对数字图书馆信息生态链价值平衡的作用关系，为后文深入分析各影响因素对数字图书馆信息生态链价值平衡的作用机制及提出数字图书馆信息生态链价值平衡策略打下基础。

4.1 扎根理论及其研究流程

质性研究方法是一种研究者进入自然情景中采用多种资料方法对社会现象进行整体性探究，使用归纳法分析资料和形成理论，通过与被研究者的互动对其行为和意义建构获得解释性理解的一种活动,① 是一种避免数字、重视社会事实的诠释②。质性研究的目的不在于验证或推论,③ 而是强调借由各种资料搜集方式,完整且全面地收集相关资料,从整体层面对社会现象进行深度探究和诠释④。扎根理论是一种典型的质性研究方法,⑤ 它为研究人员提供了一套完整的从原始资料中归纳、构建理论的方法和步骤⑥。

本书选择采用扎根理论对数字图书馆信息生态链价值平衡影响因素进行探索性研究主要有以下几个原因：

第一，由前文的文献综述可知，目前国内外对数字图书馆信息生态链价值平衡的研究较少，相关理论基础比较薄弱，本书很难从现有理论提出假设从而进行量化的实证研究，而扎根理论为我们提供了另一种思路，即从经验数据中建立理论,⑦ 扎根理论提供了一整套从原始资料中自下而上来归纳、发展概念进而建构理论的方法和步骤。考虑到国内外数字图书馆信息生态链价值平衡影响因素理论研究的薄弱现状，结合扎根理论的方法优势，本书决定采用扎根理论进行数字图书馆信息生态链价值平衡影响因素的研究。

第二，数字图书馆信息生态链价值平衡是链内信息主体自身及信息主体之间的价值平衡，影响因素对链价值平衡的影响也是通过作用链内各信

---

① 陈向明. 质的研究方法与社会科学研究[M]. 北京：教育科学出版社，2000：12.

② Neuman W L. Social Research Methods：Qualitative and Quantitative Approaches [M]. Boston：Allyn and Bacon，1997：7.

③ 文军，蒋逸民. 质性研究概论[M]. 北京：北京大学出版社，2010：2-3.

④ [美]斯特劳斯. 质性研究概论[M]. 徐宗国，译. 台北：巨流图书公司，1997：19-20.

⑤ Edgington E S. Review of The Discovery of Grounded Theory：Strategies for Qualitative Research[J]. Canadian Psychologist Psychologie Canadienne，1967，8a(4)：360.

⑥ Glaser B G，Strauss A L. The Discovery of Grounded Theory：Strategies for Qualitative Research[M]. New Jersey：Transaction Publisher，2009：45.

⑦ Strauss A. Qualitative Analysis for Social Scientists [M]. Cambridge：Cambridge University Press，1987：5.

息主体反映出来，因此，研究数字图书馆信息生态链价值平衡影响因素必须倾听各类信息主体自己是如何看待这一问题的，需要关注各类信息主体的工作及学习的具体情境，通过直接接触，深入准确地了解链内各信息主体的真实感受和认识。如果采用一般的问卷调查方法，一方面只能获取到链内信息主体浅层次的经验资料，无法挖掘到链内信息主体的深层次想法，另一方面更不易探索到某些事先并未考虑到的因素对链价值平衡的影响，因此，本书决定采用扎根理论通过面对面或电话访谈与链内信息主体围绕数字图书馆信息生态链价值平衡影响因素进行深度交流和探讨。

第三，对数字图书馆信息生态链价值平衡影响因素的研究涉及数据库商、数字图书馆以及数字信息用户等多类信息主体，如果采用定量研究方法，研究对象选择其中任意一类都不能客观、全面地反映价值平衡状态的影响因素，而如果各类信息主体都选做研究对象，不仅总的样本数量需求很大、难以满足，且会给后续的数据处理和分析造成极大的困难。扎根理论遵循理论饱和抽样原则，看重的是样本所能提供信息的丰富性而非样本数量的多少，① 因此，我们采用扎根理论分别对各类信息主体进行深度访谈，只要没有新的概念类属出现，就可以认为其已经达到理论饱和，不需要再增加访谈量了。②

第四，虽然扎根理论在消灭主观偏见或价值中立方面不如某些定量研究方法，但扎根理论的方法系统、灵活而规范，分析过程严密而科学，所构建的理论全部可以追溯到原始经验数据，且其整个研究过程都能够被追溯和检查，甚至在一定程度上可实现重复检验。如此便很大程度上克服了一般质性研究中研究方法不规范、研究过程难追溯、研究结果说服力不强等缺点，提高了研究的可信度和说服力。因此本书选用扎根理论这一走在"质性研究革命最前沿"的质性研究方法作为研究工具。

---

① Patton, M. Q. Qualitative Evaluation and Research Methods. 2nd ed. [J]. Modern Language Journal, 1990, 76(4): 543.

② 孙晓娥. 扎根理论在深度访谈研究中的实例探析[J]. 西安交通大学学报(社会科学版), 2011, 31(6): 87-92.

扎根理论的一般研究过程如下：首先通过观察和互动来搜集研究环境和研究问题的相关数据（这些来源于研究环境和研究对象的数据是研究对象对自己言论和行为的解释），然后通过对数据编码（开放式、主轴式、选择式三种编码方式）、归类和综合来建构概念，随后对概念范畴进行分析来获得理论。① 在学术界，扎根理论的应用已越来越常见，也形成了一套比较成熟的研究流程，本书拟采用如图4.1所示的扎根理论研究流程。

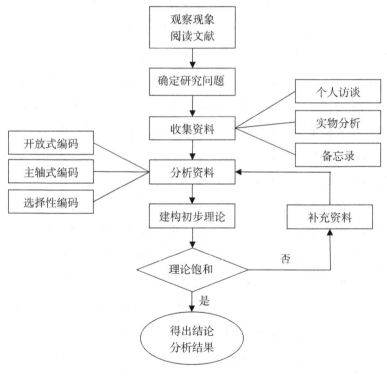

图4.1　扎根理论研究流程图

① Charmaz K. Constructing Grounded Theory：A Practical Guide through Qualitative Analysis［M］. California：Pine Forge Press, 2006：103.

4.2 扎根理论研究设计

4.2.1 确定研究问题

扎根理论的一个基本原则是避免"先入之见"，即鼓励研究者仅保持一颗探索某一现象的好奇心，而不带任何事先准备好的问题进入研究领域，也不需要做任何与之相关的文献回顾。这一原则值得肯定，但从实际情况来看，这一观点却不太现实。实际情况是，笔者对"数字图书馆信息生态链价值平衡"这一问题的研究要远早于对扎根理论的关注，而随着对这一问题研究的深入，笔者才开始考虑各研究阶段要选择哪些合适的研究方法。笔者认为，使用扎根理论来研究某一问题或现象，并不意味着研究人员应毫无目的和方向地去探索，而是应该在确定研究问题后，随着与资料的不断互动来逐步调整和明晰所研究的问题。本书也将遵循以上思路。需要指出的是，根据已有概念搜集数据与持有一定问题或阅读相关文献后进入研究领域，其本质并不相同。①

笔者的研究兴趣来自对数字图书馆信息生态链内各信息主体间价值失衡现象与价值平衡机制的好奇，但通过前期对研究课题相关的文献资料的梳理及其相关理论基础的研究，笔者发现，国内外学者针对数字图书馆信息生态链价值平衡的研究成果非常欠缺，而与之相关的供应链利益协调、利益相关者利益分配、网络信息生态链价值管理等相关理论研究成果虽然能为数字图书馆信息生态链价值平衡的研究提供一定的指导，却不能很好解释数字图书馆信息生态链价值平衡中的现象和问题，也无法为数字图书馆价值平衡影响因素的提出提供坚实的理论依据。要厘清数字图书馆信息生态链价值失衡原因及价值平衡机制必须先确定价值平衡的影响因素，而扎根理论从经验数据中建构理论的优势可以弥补相关理论依据欠缺的不

---

① 吴刚. 工作场所中基于项目行动学习的理论模型研究[D]. 华东师范大学，2013：89.

足，由此，笔者决定采用扎根理论，对数字图书馆信息生态链价值平衡影响因素展开研究，以期为后续研究奠定坚实的理论基础。

4.2.2 选择访谈对象

扎根理论遵循理论饱和抽样原则，看重的是样本所能提供信息的丰富性而非样本数量的多少，① 当发现访谈对象不能提供新的信息时就可认为已经达到理论饱和，即可停止访谈。因此，使用扎根理论所选取的调查对象应该尽可能分布均衡且具有一定的代表性。本书采用目的抽样方法（根据研究问题和目的决定抽样标准和抽样对象），将高校数字图书馆信息生态链及公共数字图书馆信息生态链这两类较为典型的数字图书馆信息生态链作为研究对象，以访谈对象是否具备必要的信息能力作为抽样标准，将以上两类数字图书馆信息生态链中各类信息主体作为访谈对象，具体有数据库提供商、数字图书馆工作人员以及包括高校师生、科研人员、社会大众在内的数字信息用户。以上访谈对象很好地覆盖了数字图书馆信息生态链中上、中、下游三类信息主体，同时他们也是链内最重要和具有代表性的价值主体。数据库商为数字图书馆提供各类数字信息，和数字图书馆之间存在直接的经济利益关系；数字图书馆作为链接上游数字信息生产者、数据库商以及下游数字信息用户的中间节点也是整条链的核心节点，既和上下游的信息主体有着直接的利益关系，又对整条链的价值平衡起着至关重要的作用，数字图书馆工作人员身处数字图书馆内部，对整个数字图书馆的业务流程及数字资源建设有着深入的了解和感受，其作为整条链价值平衡的杠杆对整条链的价值平衡状态及其影响因素有着最为直观和深刻的看法；高校师生、科研人员以及社会公众不仅是数字信息用户，同时他们大多也是数字信息生产者，兼具这两种身份，可以让其从不同的立场来发表意见和看法，从而使观点更加客观和公正。

---

① Patton, M. Q. Qualitative Evaluation and Research Methods. 2nd ed. [J]. Modern Language Journal, 1990, 76(4): 543.

　　本书依据扎根理论的理论饱和抽样原则对以上研究对象进行个人访谈，当受访者数量达到 70 个时，没有新的概念范畴出现，理论达到饱和。在抽样的过程中除了注意样本的代表性还兼顾了样本的性别、年龄、学历等要素。本研究最终抽取的 70 名访谈对象具体包括数据库商 18 人，数字图书馆工作人员 22 人，数字信息用户 30 人。访谈对象基本情况见表 4.1 所示。

表 4.1　　　　　　　　　　　　　访谈对象基本情况

基本情况		数量	比例
性别	男	25	36%
	女	45	64%
年龄	20~30 岁	37	53%
	31~40 岁	21	30%
	40 岁以上	12	17%
学历	本科及以下	30	43%
	硕士	22	31%
	博士	18	26%
职业	数字资源提供商	18	26%
	数字图书馆工作人员	20	29%
	在读学生	17	24%
	教师及科研人员	10	14%
	其他	5	7%
进行数字图书馆信息活动年限	2 年以下	7	10%
	3~5 年	30	43%
	6~10 年	18	26%
	10 年以上	15	21%
每周进行数字图书馆信息活动次数	5 次以内	13	19%
	6~10 次	12	17%
	11~20 次	15	21%
	20 次以上	30	43%

4.2.3 访谈实施步骤

(1)拟定访谈提纲

访谈是扎根理论中非常重要也是应用较多的一种数据搜集方式。按照访谈人数，访谈可以分为个人访谈和集体座谈。① 个人访谈比集体访谈更容易组织，且更能和受访对象就研究问题进行深入交流。个人访谈中又可采用结构化访谈、半结构化访谈以及非结构化访谈。半结构化访谈中的问题一般是事先设计好的、没有具体答案的核心性开放性问题，② 不仅允许研究者随实际情况弹性调整访谈结构，也允许受访者自由提问③。因此，本研究依据扎根理论的要求，围绕此次访谈的目的和要解决的问题，参考相关文献初步设计了一份半结构化个人访谈提纲，如表 4.2 所示。初拟访谈提纲共 15 个问项。

表 4.2 初拟访谈提纲

主题	编号	问 项	修订
术语界定和受访者基本信息	a	访谈目的、背景及受访者参与条件介绍	
	b	数字图书馆信息生态链及数字图书馆信息生态链价值平衡的概念	
	c	受访者性别、年龄、学历、职业以及每周参与数字图书馆信息活动次数	

① 李景山. 社会科学研究方法[M]. 哈尔滨：哈尔滨工业大学出版社，2011：181.

② 王新利. 人文社会科学研究方法与技巧[M]. 北京：高等教育出版社，2018：278.

③ 王文韬，张帅，李晶，谢阳群. 大学生健康信息回避行为的驱动因素探析及理论模型建构[J]. 图书情报工作，2018，62(3)：5-11.

续表

主题	编号	问　　项	修订
数字图书馆信息活动的经历	1	您或您单位主要参与哪些数字图书馆信息活动？	
	2	您或您单位比较熟悉或经常使用的数字图书馆有哪些？	删除
	3	您或您单位在参与数字图书馆信息活动时期望从中获得哪些价值？	修改
	4	在参与数字图书馆信息活动时有没有哪些方面令您或您单位不满意或觉得不合理？	删除
	5	请举例说明，您或您单位在参与数字图书馆信息活动中有哪些价值不平衡的现象？	
对数字图书馆信息生态链价值平衡影响因素的认识	6	当参与高校、公共以及科研机构等不同类型数字图书馆信息活动时，您或您的单位对价值种类和数量的需求是否有所不同？	
	7	数字图书馆信息生态链内流转的信息类型和数量对您或您单位从中得到的价值种类和数量有没有什么影响？	
	8	您或您单位在数字图书馆信息生态链中的角色对您或您单位期望从中获得的价值种类和数量有什么影响？	修改
	9	您或您单位的专业水平、业务能力、信息能力等技能对您或您单位参与数字图书馆信息活动有哪些影响？	
	10	您或您单位是否认为从事数字图书馆信息活动投入的成本越大，自身对数字图书馆信息生态链的贡献也越大？期望从中获得的价值也越多？	修改
	11	您或您单位与数字图书馆信息生态链内其他主体间的合作对您或您单位参加数字图书馆信息活动有哪些影响？	
	12	数字图书馆信息活动相关的管理机构和管理制度对您或您单位参与数字图书馆信息活动有哪些影响？	
	13	先进的网络硬件设施及信息技术是否会提升您或您单位参与数字图书馆信息活动的效率，进而增强数字图书馆信息生态链的价值创造能力？	修改
	14	数字图书馆相关的政策法规和标准对您或您单位参与数字图书馆信息活动有什么影响？	
	15	您认为还有哪些因素会影响数字图书馆信息生态链价值平衡？	

在正式访谈之前，笔者选取了 8 名情报学在读博士生和研究生对初拟访谈提纲进行了预测试，结果发现部分受访者对问项中的一些专业词汇或描述难以理解，而有一些问项指向性太强，限定了受访者的回答，由此对访谈效果造成了较大的影响。为了能真实探询到受访者的感受和内心想法，确保问项具有良好的内容效度，笔者结合实际情况对初拟提纲进行了适当修订，对一些指向性、限定性较强的问项进行了修改，使问题变得更加开放，避免束缚受访者的思维；对一些专业性太强、难以理解的词汇进行了举例或改变描述方式；对一些与研究目的相关性不是很强的问题进行了删减，避免受访者和研究者耗费不必要的时间和经历。结合预测试情况，经过前后 2 次修改，共修改 4 个问项，删除 2 个问项，最终得出正式访谈提纲(见附录 4)。

本研究所用的正式访谈提纲分为两大部分。第一部分为术语界定和受访者的基本信息，在这部分首先对数字图书馆信息生态链及数字图书馆信息生态链价值平衡的概念进行了界定，其次是受访者性别、年龄、学历、职业以及参与数字图书馆信息活动次数等基本信息。第二部分则是询问受访者的数字图书馆信息活动经历及其对数字图书馆信息生态链价值平衡影响因素的认识。

(2)制定、实施访谈计划

笔者在 2019 年 11 月到 2020 年 5 月，有针对性地选择了 80 名高校和公共数字图书馆的数据库提供商、数字图书馆工作人员与数字信息用户作为访谈对象进行扎根理论研究。由于所选取的受访对象在地域上分布较广，考虑到访谈的便捷性和时效性，对本省内的受访者我们一般进行面对面访谈，对外省的受访者则采用视频或电话交流。

在访谈开始之前，我们会将访谈目的和具体访谈内容如实告知受访对象，并向其承诺绝对不会公开或泄露其个人信息，必要时还会与受访者签署访谈知情同意书或保密协议，从而彻底消除受访对象对信息安全的顾虑。同时在征得受访者同意的情况下，我们会对访谈的全过程进行录音，避免遗漏受访者提供的任何有用信息。在访谈过程中，我们尽量营造轻松

的访谈氛围，避免使用引导式语句提问，对每个受访对象的访谈时间尽量
控制在 30~60 分钟，给访谈对象充足的思考时间和表达余地。对整个访谈
过程录音的同时，也会认真做好访谈笔记，以确保访谈结果的严谨性和可
信性。访谈内容围绕数字图书馆信息生态链价值平衡现状和存在问题展
开，侧重于对数字图书馆信息生态链价值平衡影响因素的了解。根据理论
饱和度原则，访谈和分析是一个连续循环的过程，它们相互促进、密不可
分，需要同步进行。因此在每次访谈结束后，笔者都会在当天将访谈录音
进行文字转录，并及时对访谈结果进行细致整理和认真分析，当访谈对象
人数达到 70 人时，我们从访谈中获得的信息开始重复，没有新的、重要的
信息出现，符合扎根理论的理论饱和度原则，就此终止访谈。表 4.3 列举
了部分受访者的访谈具体实施情况，为保护受访者隐私，访谈对象均以其
身份加大写姓名首字母命名（数字信息用户：A1~A30；图书馆工作人员：
A31~A50；数据库商：A51~A70）。

表 4.3　　　　　　　　　访谈实施情况列表（仅列举部分）

访谈对象		访谈时间	访谈方式	访谈内容提要	访谈时长	文本字数
数据库提供商	期刊论文数据库商 Z	2018-12-25	面对面专访、录音、笔记	数字资源版权购买付费及数据库定价收费的影响因素；对与生产者、出版商及数字图书馆间的合作关系有什么期望	39min	5069
	图书数据库商 Y	2018-12-28	电话专访、录音、笔记	知识产权相关的政策法规及行业竞争合作对企业从事数字资源运营有何影响	45min	5682
数字图书馆工作人员	高校数字图书馆工作人员 S	2018-11-20	面对面专访、录音、笔记	高校数字图书馆信息生态链价值平衡的现状、存在的问题以及产生这些问题的原因；对数字图书馆信息生态链价值平衡有哪些期望	55min	7235
	公共数字图书馆工作人员 Z	2018-11-22	视频专访、录音、笔记	公共数字图书馆数字信息资源的使用情况；馆的性质、管理机构及制度、馆间合作对其运行和价值实现有何影响	35min	4967

访谈对象		访谈时间	访谈方式	访谈内容提要	访谈时长	文本字数
数字信息用户	教师及科研人员Y	2018-12-06	面对面专访、录音、笔记	作为数字信息用户和作为信息生产者时期望获得的价值种类和数量有何不同；对数字图书馆信息生态链价值平衡现状有何看法	48nin	5210
	高校在读学生J	2018-12-10	面对面专访、录音、笔记	自身的信息能力和价值创造能力对自己参与数字信息活动获得的价值有何影响；在参与数字信息活动时有哪些不公平或不合理的地方	30nin	4285
	社会大众读者P	2018-12-09	面对面专访、录音、笔记	从数字图书馆获取的数字信息类型和数量对自身所得价值的种类和数量有什么影响；网络硬件设施及软件技术对其数字信息获取和利用活动有哪些影响	32min	3806

4.3 基于扎根理论的影响因素模型构建

当访谈资料收集完备并将其全部转录为文本数据后，需要及时对访谈文本进行编码处理。对访谈文本进行实质性编码是扎根理论中最重要的一个环节，也是建构理论的基础。本研究共获得70份访谈文本资料，其中60份样本用于扎根理论分析，随机抽取10份样本预留用于扎根理论饱和度检验。扎根理论提供了开放性编码、主轴式编码以及选择性编码三种编码方式。这三种编码方式逐级深入地对访谈文本资料进行提炼加工，最终形成概念、范畴、主范畴以及核心范畴，并对这四者之间的关系进行分析、判断以形成关系结构图。①

　　由于扎根理论会产生大量非数值型、无结构化数据，仅靠人工编码不仅工作量很大而且容易出错或遗漏信息，且已有研究表明，使用 NVivo 质性分析软件将有助于提高研究的科学性和严谨性。② 因此本研究决定借助当下最流行的基于扎根理论原理的质性分析软件 Nvivo 11.0 对访谈数据进行辅助编码和分析，③ 以提高本书的研究质量，使研究过程和结论更加可靠。本研究将规范化处理后的访谈资料 Word 文档导入 NVivo 11.0 软件后，严格按照开放性编码、主轴式编码及选择性编码步骤进行编码。

4.3.1　一级编码——开放性编码

　　开放性编码(Open Coding)是将访谈及观察资料进行概念化和范畴化的过程：首先是对资料进行分解和逐字逐句分析后赋予其概念化标签，其次是从概念中挖掘出更有概括性的范畴并为范畴赋予准确名称，最后则是发掘和归纳范畴的性质及性质的维度。④

　　在进行开放性编码时，考虑到研究的严谨性，为了避免个人偏见、定势思维和业界定义的干扰，也为了保证数据编码的一致性，笔者邀请两名情报学研究生共同对资料进行编译，当遇到意见分歧时则通过小组讨论达成一致意见，且编码时尽量使用受访者的原话做标签。开放式编码的具体实施步骤为：首先对原始资料文本进行逐句分析后从中提取标签，然后再从标签中提取概念，最后从概念中提取范畴。为了便于统计和区分，用 A＊＊表示第＊＊名受访者的回答。囿于篇幅所限，这里只节选了部分原始资料开放式编码过程(见表4.4)。

----

　　① 　闫晶．数字图书馆资源聚合质量评价及优化策略研究[D]．吉林大学，2018：59．

　　② 　Bazeley P．Qualitative Data Analysis with NVivo[M]．London：SAGE publications，2007：82-83．

　　③ 　李晓凤．质性研究方法[M]．武汉：武汉大学出版社，2006：68．

　　④ 　刘鲁川，蒋晓阳．社区公共服务综合信息平台居民使用行为研究[J]．中国图书馆学报，2015，41(6)：61-72．

表4.4　　　　　　　　　　　　　开放式编码过程示例

原始语句	标签	概念	范畴
……	……	……	……
A38：我们馆里面开展的calis馆际互借，文献传递，联合目录检索都有利于图书馆之间的数字资源共享	数字资源共享	资源共享	链内主体间竞合关系
A45：大学之间的数字资源联合采购这些业务合作降低了我们馆里面做这些事情的成本	联合采购、业务合作	协同合作	
A48：考虑到经费预算和学科发展，还有一些数据库是学院和图书馆合资购买的	联合购买		
A12：有时候我所需要的信息资源我们学校的图书馆并没有买这个数据库，而别的学校有我就借这个学校同学的账号去下载获取	合作互助		
A10：有的同学在家里不能用学校数据库下载文献，会让我去下载文献发给他			
A32：学校还有一些保密论文是不上传的，实际来说，学校之间还是有壁垒的，所以还是缺乏统一的号召力和领导	不愿共享、行业壁垒、排他性	行业竞争	
A55：有些和我们差不多类型的数据库代理商，他们数据库价格比我们低，我们没有特色资源的话，很多客户就倾向于选择他们	价格竞争		
……	……	……	……
A32：我们馆会用绩效工资来激励工作人员深入院系做一些深入的资源推广和培训工作，提高员工工作积极性	绩效工资、薪酬激励	激励制度	链内管理制度
A8：我们学校规定毕业的学生就没有权限使用学校的各种数据库资源	用户权限	约束制度	
……	……	……	……

续表

原始语句	标签	概念	范畴
A03：因为我是高校教师所以使用学校数字图书馆主要是科研需要或者提升自己业务能力，比如查文献和一些项目资料	科研需要、文献、项目资料	专业信息	链内流转信息类型
A06：公共数字图书馆的信息面很广，我一般看娱乐、健身、饮食等方面的信息，主要是为了娱乐休闲和修身养性	信息面广、休闲娱乐	通识信息	
……	……	……	……
A25：网速越快、计算机越新我们获取和处理数字信息的速度也越快、越好	网络带宽	网络基础设施	网络信息技术
A33：我们馆里新添了许多台大屏电脑，服务器也换新的了，读者都说体验很好	计算机、服务器		
A16：远程登录 VPN 让我在校外也可以随时登录使用数据库	远程登录 VPN 技术	网络软件技术	
……	……	……	……
A02：花钱才能下载和阅读自己的文章，从个人角度来说我觉得很不合理，我自己的文章为什么要花钱	收费不合理	投入—回报不相符	新增价值分配
A30：为什么我们的硕博论文和发表的期刊论文被知网收录却没付钱给我们，这不相当于免费给它们使用了	价值回报不合理		
A49：知网本来就卖得贵，现在每年都在涨价，并且涨幅都在 15% 以上，我们馆每年经费有限，只好压缩其他数据库购买经费	定价高、价格涨幅大	要价不合理	
……	……	……	……

　　利用 Nvivo11.0 辅助编码分析，并通过贴标签的方式对原始访谈资料进行不断比较归纳，删除部分重复频次较低、整合部分存在交叉及前后矛

盾的原始语句编码标签，最终得到资源共享协同合作、行业竞争、激励制度、约束制度、网络基础设施、网络软件技术等 226 个概念，并进一步提炼出链的社会职能(b1)、链内流转信息类型及数量(b2)、链内主体所处生态位(b3)、链内主体的价值能力(b4)、链内主体间竞合关系(b5)、链内管理机构(b6)、链内管理制度(b7)、网络信息制度(b8)、网络信息技术(b9)、价值需求种类(b10)、价值需求数量(b11)、新增价值种类(b12)、新增价值数量(b13)、新增价值分配(b14)共 14 个范畴。开放式编码列表见 4.5 所示，开放式编码形成的概念与范畴见表 4.6。

表 4.5 开放式编码标签列表

访谈对象	访谈内容编码标签
数字信息用户	公共图书馆；综合类资源；高校资源专业性强；高校面向群体多；科研机构群体专一；信息面广；希望公共图书馆信息种类丰富；高校种类单一更专业；以课程专业为主；从其他专门平台获取；高校教师；高校偏重教育教学；教育基础课程联系紧密；科研机构注重前沿动态；公共图书馆专业性低；提升个人素养；知网内容权威准确；知网信息价值较高更为专业；掌阅信息量大且杂乱；高校图书馆查文献；公共图书馆看小说打发时间；科研机构图书馆；企业图书馆；公共文化服务体系；发挥全民阅读中主体作用；辅助日常学习科研；从公共图书馆获取传统文化知识；信息全面；价值更多；电子文献；电子期刊；获取文献；提升学术素养；拓宽专业知识面；数据库不全面；非专业信息；知识面拓展；专业知识；提升学术能力；工作方面信息；工作需要；提升业务能力；娱乐类信息；健身艺术类信息；提升性情修养；烹饪信息；提升生活质量；学术活动需要；弥补知识欠缺；丰富知识层面；文化类信息；专业相关信息；提升专业技能；公共图书馆文学和艺术作品居多；影响个人素养；影响形象；书目信息；专业著作；学术报告；电子期刊论文；数据量比较大；数量不需要多而要精；对信息质量要求高；书比较多；生活知识；休闲娱乐；系统知识；数理化专业知识；提高知识能力储备；获得自我价值实现；心理满足；激励不断创作；信息生产者；作为高校老师；发表文章；被引频次高；学术圈地位；更多人认可；信息用户；获取论文、书目信息；直接使用；教师期望能力提升；知网收录；下载量大；带来成就感；体现个人价值；获取积累知识；作为期刊论文创作者；撰写专业论文；获取毕业资格；帮助就业；写论文希望获得稿酬；提升写作能力和声望；查阅文

访谈对象	访谈内容编码标签
数字信息用户	献提供写作思路；写文章被引用就开心；分享信息帮助别人；提高信息利用率；作为在读研究生；自己论文被使用情况；有利于知识获取利用；未预想到的知识；新的启发；投入与期望成正比；使用专业检索；构造检索式；深层次检索能力；明确需求；耗费时间多期望大；信息获取能力更强；获取更便捷高效；方法技巧很重要；检索技能提升；获得信息更全面；付出精力多期望大；信息处理能力影响信息选择和信息效用；免费小说不好看无所谓；花钱下载不好看心疼；潜在价值应该被用户感知；系统学习过文献检索技能；期望检索到更符合需求资源；技术人才投入；数字图书馆功能；获得更多价值；分享资源；避免重复；节省时间；提高效率；文献传递；帮助他人下载；合作很重要；馆际互借；服务数量多；查东西方便；降低获取成本；提高工作服务效率；密码重置解决后顾之忧；群里通知新到数字资源；用户培训；提供科研便利；资源共享；获得更多；乐于主动分享；合作提高参与积极性；分享给小组成员；效益最大化；提高使用率；节约时间精力；提升图书馆核心竞争力；通过其他学校或数字图书馆寻求帮助；主动帮助他人；实现共赢；信息主体间合作；方便获取资源；增加使用次数；图书馆数字资源建设部；不断优化馆藏；有管理的信息链流转顺畅；有规律的信息链；混乱的信息链；图书馆参考咨询部；解决问题；提供专题检索服务；需求及时反馈；深入解析精准服务；提高能动作用；优化自身结构；为用户服务；服务更好；增加使用频率；中国图书馆学会；促进文献资源建设标准化规范化；提供良好使用环境；提升用户体验；使活动顺利开展；图书推荐制度；获得更多资源；读者服务制度；闭馆烦恼；寻求咨询；提供反馈；解决问题；管理运作标准；合理存在；约束；更有效获取；权限；学校学位论文库建设与管理制度；论文复制比检测；入馆新生培训；产权保护；无法获取；不能满足；保护合法权益；限时保密制度；信息知识时滞；价值下降；条例越多限制越多；符合标准；门槛；规范行为；规律和常态；知识产权保护制度；双面性；约束信息查找范围；知识产权意识；因付费放弃信息获取；知识产权约束；难以轻易获取；产权制度法规；保护自己权益；保护信息生产者；法律保护很必要；法律法规阻碍信息传播；知识付费；道德底线；版权问题；保护论文被别人抄袭；传播权；著作权；需要付出经济成本；签署版权转让协议；给予相应报酬；校园网卡慢；VPN 掉线；IP 不够；电脑设备陈旧；系统版本更新不够；配套设备查询；决定用户体验；影响期望；提高积极性；硬件配置高；信息获取处理速度快；远程登录更方便；提升信息活动效率；欠缺精准推荐服务；更加智能；提高兴趣；网速问题；软件；CAJ 格式手机看不了；影响

访谈对象	访谈内容编码标签
数字信息用户	积极性；知网 App；手机端数字图书馆；界面操作简便；网络传输速度快；快速下载；沟通反馈功能完善；提高用户体验；增加使用次数；最需要的没得到；意外收获；需求层次；最需要的东西；信息偶遇；激发兴趣点；感到满足；需求单一；用处不大；一定程度获得；找不到想要文献；目的性很强；期待提供专题服务；个性化定制服务；资源种类不丰富；不能批量下载文章；期待检索到丰富文献信息；找到相关文献；部分人满足；价值链平衡；得到有效供给；考虑整体平衡；拥有量不平衡；有却借不到；IP 分配不够；获取不到非常不满；大部分人得到自己想要；整体比例合理；花了很多时间脑力但没找到需要信息；需求很大程度上得到满足；比较满意数字图书馆服务；需求得到全部满足；作者需支付高额版面费；数字图书馆花费高额经费购买数据库；解决矛盾；发论文基本没稿酬；获得与真正需求契合；符合需求；盲目收费；获得自己想要价值；下载论文要收费
数字图书馆工作人员	提供服务更多是公益性的；为了读者；满足读者信息需求；全民阅读促进文化传播；提高全民素质；社会文化和风气的引导；高校科研需求多；树立良好公众形象；服务单位不期望营利；非营利服务单位；提供免费公共文化服务；社会效益而非经济效益；满足师生科研学习需求；实现馆员价值所在；基本职能受限；公益性图书馆；本馆角色是为用户提供信息服务与支持；主要工作是服务好读者；围绕服务展开；书目更新；系统维护；资源建设；试用数据库培训；读者信息维护；读者调研反馈；主要职能是为学校师生提供知识服务；服务对象不一样；公众性服务；高校侧重科研产出；高校着重人才培养；公共图书馆倾向人文素质提升；服务方式不一样；社会责任；上门文化服务；社区家庭教育；免费服务；面向周围居民；少儿馆；成人馆；资源范围广；普及教育文献多；大众性需求在线课程；公共图书馆面更广；侧重专业全文信息；基本没有娱乐信息；名师讲堂多媒体库；资源专指性和适用性不同；特色学科数字资源；资源采购不一样；偏生活类杂志；小说特别多；杂七杂八的书；儿童绘本；图书馆处于中间位置；我馆作为信息传递者；中间平衡点；满足下游；达到下游期望；经费有限难以兼顾；数据库采购判别能力重要；业务能力很重要；准确定位读者需求；馆员需多学习文献分析工具；信息处理技能；专业水平；投入越多收益越多；有多少钱做多少事；资金不到位资源数据库种类得不到保障；需要图书馆强有力作为；高水平专业服务能力；需要高素质专业人才；馆员素质跟不上；阻碍数据库推广；信息素养好；按专业分工；人才对接；不同图书馆差异化购买后互补提供给用户；节约彼此成本；馆间难以实现共享；部门间磨合合作；合作或是比赛；协

访谈对象	访谈内容编码标签
数字图书馆工作人员	作激励；深入院系提供定题服务；Calis 馆际互借；联合目录检索；数字资源共享；业务合作；联合采购；互通有无；学位论文开放合作；打破知网垄断优势；学校间有壁垒；合资购买；提供更多资源；扩大活动范围；资源共享减少成本；沟通不畅不了解文献传递服务；互通有无；共同建设共享型数字图书馆；编目工作外包；正反向信息反馈；院系很配合；及时反馈；无所谓态度；院系不积极参与支持工作；降低馆员积极性；共建共享；弥补本馆资源不足；需要供应商积极配合；需要读者积极响应；没购买资料通过其他馆获得；参与 CALIS 进行联合编码；减少编目人员工作量；联合开展创客活动；合作开发文创产品；馆间联系密切；强强联合；人才资源共享；系统维修管理部很重要；图书馆学会牵头带动；数据库使用培训；资源建设部；参考咨询部；图书馆办公室；缺乏统一号召力和领导；工作开展被动；领导不重视图书馆；信息技术与咨询是核心部门；决策执行；协调监督；管理机构；开展读者教育活动；学科馆员建设；对日常工作指导；决定图书馆开放时间；规定购买资源与学生人数比例；上层考核；馆长考察；委托管理；直接归属；大领导；管辖；抽奖送书活动；工资激励制度；学位论文上传要求；资料下载权限；滞纳金缴纳条例；获评最美基层图书馆；重视确定是否涉及侵权；传播条理规定模糊；保护版权和合理权益；规范信息行为；版权问题不便正本扫描；有规矩可依；更加合规合法；规范本馆资源建设；指导作用；促进良好发展方向；知识产权管理条例；遵照产权条例；协议和 IP 对应方式控制；硬件设施完善；触摸屏；微博公众号很重要；微信公众号；技术比较欠缺；缺乏技术背景人才；3D 打印机；机器人；软硬件影响很大；技术限制；更快获取信息；电脑使用年限长；CASHL、CALIS 系统反应慢；提供有力技术支撑；提升本馆建设速度；应用系统升级费用；了解最新技术和产品动态；不升级功能就失效；一体机丰富读者阅读体验；图书馆基础设施；AI 职能机器人；书籍扫描；芯片定位功能；图书集群管理系统；微信推送；多功能大屏；支付宝微信收款功能；完善服务设施；弥补技术缺陷；智能化；希望提高图书馆知名度；最好能够树立良好公共形象；给学生提供更好服务；赔本赚吆喝；希望数字资源推广阅读活动效果好；文献传递费用过高；更多考量社会效益而非经济效益；期望提升服务品质；提升本馆职工个人能力；在师生心中成摆设；提供多维度高质量服务；希望丰富馆藏；进行资源交换；提高用户依赖程度；满足读者需求；图书馆地位高；建设资金有保障；发挥图书馆作用；图书馆合理高效运转；师生用得好；图书馆作用大；公众形象好；注重大众培养；在乎大众反馈；更好服务读者；减少读者投诉量；馆藏资源

访谈对象	访谈内容编码标签
数字图书馆工作人员	更丰富；期望数据库利用率高；努力得到回报；读者满意度高；增加读者入馆率；链接上下游信息主体；提高用户满意度；满足不同层次用户需求；提升服务层次；宣传达不到预期效果；数据库不断涨价；资金有限顾此失彼；种类多数量多；最大限度保证读者使用；保证满足读者个性化需求；花同样钱数据库商能提供更多额外服务；有限资金资源下满足读者需求；扩大行业知名度影响力；塑造较好公众形象；扩大文化影响力；扩大资源覆盖面；不惜一切代价建设好；读者访问量下载量高；师生心目中的形象；增加读者对图书馆的用户黏度；做好信息服务；主导价值；辅助价值；读者能第一时间想到图书馆；满足读者需求；社会声誉；对读者的吸引度较低；实现信息活动参与者共赢；价值数量需求与新增价值一致；用户需求满意度；数字资源使用效果好；师生认可度；提供大量资金；获得一致好评；读者满意度高；数字图书馆的信息活动呈现投入大于产出的状态；数字资源提供的成本高于其产生的效益；投入大收获小；高价购入的数据库利用率低；无法全部满足；需要寻求其他途径；数据资源利用率低；资源配置存在浪费；购买费用与使用频次不匹配；大家都感到满意；很难绝对平衡
数据库提供商	高校收费最低；企业单独定价；企业价格高于科研院所；单位规模；阅读体量；行业自己定价；本科和专科院校；省馆、地市馆、区县馆；政府单位只能内网使用，价格不一样；客户；学校级别；"985"、"211"一个档；普通本科一个档；高职高专一个档；分层级；有的单位预算少，酌情降价；不同行业读者群体有区别；客户级别不同；省图和地区图书馆；"985"和一般本科；按学校层次定价；科研院所个性化服务多；知网侧重集成、重合性较大；外文数据库资源独有；数据库质量；期刊质量；期刊影响因子；期刊来源数量；排名靠前上榜好书；畅销图书；新书；畅销期刊累计4000多种；有声电子书；电子期刊；有声5万小时1.5万级；80万册数字图书资源；拥有资源量和种类多；资源内容；5个行业群：教育、生命环境、党政金融、机械能源交通、企业；不同的库服务定价不同；用户需求内容多收费高；根据客户规模及流量实行产品差异化定价；根据用户量定价；物以稀为贵；资源越稀少定价越高；按照用户数量定价；多媒体视频；资源类别不同加工成本不同；数据来源不同成本有区别；根据渠道调整折扣；线上课程；资源独有；独家推广协议；独家资源代理；签约版权；独有资源；独有性；独家合作；独有资源议价空间大，价格更坚挺；成本向下游转移；独家版权；资源独创性；垄断性独家资源；定价话语权；独家资源；签独家协议；师资独有；花钱维护数据库；购买数据库；资源推广费用；人力成本；服务器采购费；数据加工

访谈对象	访谈内容编码标签
数据库提供商	服务费；系统升级费；外部资源进口；编辑部费用；评审人员费用；服务器建设；网站设计推广费；明显成本；研发投入；已经占有可预见终端；核心技术都在自己手上；产品都是自主研发；独有资源售价高；按成本定价；数据库维护难收费高；实体店售后服务；投入人力；跨区上门服务；服务费；数据库后期维护费用；服务器成本；客户购买力；每个产品有专门研究团队；高额底层数字资源编辑核对费用；版权成本；市场成本；销售成本；产品维护运营成本；高校数字资源采购联盟（DIAA）；团购价；合作单位价；同行业公司不是很多；合作关系；与主持人合作展示；招募竞标；砍价；竞争；和出版社合作；独家合作；打包使用；同行业竞争；竞争对手价格低；提供性价比更高服务；形成良性合作循环；做行业标杆；面临相互 PK；提高门槛和技术壁垒；市场乱象；合作较好；与客户关系和谐；市场经济双向选择；同质性产品出现；市场容量小；客户关系重要；优胜劣汰；公平竞争；团购和单独采购；恶意竞争招标影响成交价；没有数据库建设权利；有关部门指导；直接执行公司定价；上级指示；申请制；限制降价幅度；单位提供培训；企业内部良性改进；行业会议；国企控股；国内外行业协会；财务考核利润率；市场体系定价；渠道规则；条条框框规定；硬性标准；国外知识产权保护程度高；产权条例和措施欠缺；盗版；授权不认可；提出申诉；采取法律措施；版权意识；版权费影响定价；版权部门；原厂家资格产权；终身使用权；正版数字图书；价格和版权直接挂钩；资源获取途径；出版社正版授权；给对方版权费或使用费；没有正版授权，通过扫描获取；国家重视知识产权；侵权违法行为；约束规范运营和提供相关服务；国家规定范围内合理合法运营；形成有序良好环境；数据库资源版权；学位论文知识产权；法务审核；正规引进协议；版权明晰；提高行业门槛和数据库质量；知识产权保护；服务器承受能力；访问量过大导致服务器瘫痪；用户体验差；访问速度；产品界面接受度；用户访问量；软硬件结合产品；触摸屏；朗读亭；硬件合适；资源呈现依托终端；核心技术；系统平台；平台使用便捷性；界面功能完善程度；技术水平决定；保证用户访问稳定；在线服务为主；网络环境变化；开发新版本新功能；技术反哺；网路不发达；网络速度特别快；访问端从 App 到微信 WEB 端；镜像；购买访问渠道；用户访问速度和稳定性；远程 VPN；微信服务平台；VR 技术；希望数据库销量好；数据库商要赚钱；数据库用户使用频次；形象和宣传推广；争做行业标杆；用户范围和数量更大；推广渠道更广；客户信任度高；要的库多价格高；影响他人利益；影响切实销售

表 4.6   开放式编码形成的概念与范畴

范畴	概念
b1 链的 社会职能	a1 高校图书馆；a2 辅助科研；a3 传递科学情报；a4 基本职能；a5 开展社会教育；a6 服务对象；a7 社会效益；a8 公众形象；a9 图书馆功能；a10 价值所在；a11 公共图书馆；a12 公益性质；a13 非营利；a14 社会责任；a15 学校分档；a16 客户级别；a17 学校层次；a18 区别定价
b2 链内流 转信息类 型及数量	a19 信息种类全面；a20 拓宽知识面；a21 专业知识文献；a22 书目信息；a23 数据量大；a24 文化艺术类作品；a25 多媒体库；a26 儿童绘本；a27 畅销期刊；a28 有声电子书；a29 线上课程；a30 信息质量要求；a31 信息来源渠道；a32 信息数量充足；a33 用户行业群分类；a34 客户规模流量；a35 物以稀为贵
b3 主体 所处生 态位	a36 社会身份；a37 链内角色；a38 占有资源；a39 职权定位；a40 中间平衡点；a41 资源独有性；a42 议价空间；a43 成本转移；a44 定价话语权；a45 垄断地位
b4 主体 的价值 能力	a46 信息处理能力；a47 价值创造能力；a48 数据库采购判别能力；a49 专业服务能力；a50 砍价能力；a51 信息素养；a52 技术人才；a53 潜在价值感知；a54 专业分工；a55 投入成本；a56 研发投入；a57 数据库运营维护费用；a58 版权成本
b5 主体 间竞合 关系	a59 馆际合作；a60 文献传递；a61 资源共享；a62 联合目录检索；a63 互补提供；a64 部门间业务合作；a65 联合采购；a66 行业垄断；a67 主动分享；a68 寻求帮助；a69 实现共赢；a70 差异化购买；a71 协作激励；a72 互通有无；a73 共建共享；a74 团购；a75 积极配合；a76 强强联合；a77 采购联盟；a88 招募竞标；a99 竞争对手；a100 相互 PK；a101 同质性产品；a102 优胜劣汰；a103 恶意竞争
b6 链内 管理 机构	a104 部门管理；a105 混乱信息链；a106 图书馆参考咨询部；a107 中国图书馆学会；a108 建设标准化、规范化；a109 资源建设部；a110 馆办公室；a111 核心部门；a112 决策执行；a113 协调监督；a114 委托管理；a115 直接归属；a116 领导管辖；a117 上层考核；a118 统一号召领导
b7 链内 管理 制度	a119 管理运作标准；a120 权限约束；a121 建设管理制度；a122 公正处理；a123 依规缴纳滞纳金；a124 工资激励；a125 管理方式；a126 论文上传下载要求；a127 年终奖考核；a128 惩罚条例；a129 评奖评优细则；a130 渠道规则；a131 条条框框；a132 硬性标准

范畴	概　念
b8 网络 信息 制度	a133 知识产权；a134 合法权益；a135 著作权；a136 学术道德；a137 作品原创性；a138 国家政策；a139 行业标准；a140 制度法规；a141 传播权；a142 著作权；a143 版权转让；a144 打击盗版；a145 合法授权；a146 法律措施；a147 终身使用权；a148 合法运营；a149 引进协议
b9 网络 信息 技术	a150 网络速度；a151 电脑设备；a152 系统软件；a153 应用软件；a154 远程登录 VPN；a155 硬件配置；a156 协议 IP；a157 手机 app；a158 公众号推送；a159 技术背景人才；a160 技术支撑；a161 信息基础设施；a162 服务器容量；a163 终端平台；a164 用户界面优化
b10 价值 种类 需求	a165 最需要的主导价值；a166 意外收获；a167 需求层次多样；a168 需求种类单一；a169 找不到想要信息；a170 目的性强；a171 期待个性化服务；a172 希望提高知名度；a173 期望提升服务品质；a174 在乎大众反馈；a175 希望数据库销量好；a176 想要赚钱；a177 争做标杆
b11 价值 数量 需求	a178 资源种类不够丰富；a179 不能批量下载；a180 期望数据库利用率高、销量好；a181 设法提高入馆率；a182 希望数据库能便宜点；a183 提高用户满意度；a184 达不到预期效果；a185 不断涨价；a186 经费预算有限；a187 不惜一切代价建设；a188 用户数量更大；a189 客户信任度更高；a190 希望获得更多推广渠道
b12 新增 价值 种类	a191 获得所需信息；a192 读后身心愉悦；a193 提升性情修养；a194 增长生活常识；a195 提高生活质量；a196 取得科研成果；a197 提升学术素养；a198 数据库利用率高；a199 数据库购买经费充裕；a200 满足读者需求；a201 获得社会声誉；a202 客户关系稳定
b13 新增 价值 数量	a203 论文被引频次高；a204 获得大量所需信息；a205 实现了参与者共赢；a206 得到较高认可度；a207 获得一致好评；a208 读者满意度高；a209 经费预算不足；a210 数据库订购量增大；a211 版权购买费用变高
b14 新增 价值 分配	a212 部分人需求得到满足；a213 价值链平衡；a214 需求得到有效供给；a215 资源拥有量不平衡；a216 整体比例合理；a217 比较满意服务；a218 盲目收费；a219 投入大于产出；a220 成本高于效益；a221 无法全部满足；a222 强势垄断定价；a223 没有话语权；a224 分配很难平衡；a225 主观公平；a226 合理定价

4.3.2 二级编码——主轴式编码

主轴编码是只对足够可以和范畴产生重要关联的数据所进行的编码①。主轴式编码(Axial Coding)是在开放式编码的基础上将开放式编码形成的范畴进行深度分析和归类,发现各范畴之间的关联和逻辑关系,进而得到主范畴。由一级开放式编码形成的 14 个范畴之间看似相对独立,但实际各范畴之间存在一定的关联,主轴编码就是探究这些范畴之间的潜在关系,然后借助 NVivo 群组功能对这些范畴进行聚类分析和反复归类,从而形成若干主范畴,并将其标记为树节点。本研究从开放性编码得到的 14 个范畴中提炼出链的性质与任务(B1)、链内信息主体因素(B2)、链内组织管理(B3)、网络环境因素(B4)、主体价值需求结构(B5)、新增价值及其分配(B6)共 6 个主范畴,主副范畴间关系及其内涵如表 4.7 所示。

表 4.7 **主轴编码形成的主范畴**

主范畴	副范畴	范畴的内涵
B1 链的性质与任务	b1 链的社会职能	数字图书馆信息生态链的功能、运行目的和承担的社会责任,如开展社会教育、传递科学情报、开发智力资源等
	b2 链内流转信息类型及数量	数字图书馆信息生态链中流转的具体信息种类(如专业知识类信息、社会通识类信息和休闲娱乐类信息等)及数量多少
B2 链内信息主体因素	b3 主体所处生态位	信息主体在链中充当的角色(信息生产者、信息传递者、信息消费者)、职权定位及其占有和利用信息资源(如信息本体资源、信息技术资源等)的状况
	b4 主体的价值能力	主要是价值创造能力、价值投入能力、价值获取能力以及价值感知能力
	b5 主体间竞合关系	链内主体之间从各自利益出发,为争取利益最大化而自愿形成的竞争关系和合作关系

① Glaser B G. Theoretical Sensitivity [M]. Mill Valley, CA: Sociology Press, 1978: 146.

续表

主范畴	副范畴	范畴的内涵
B3 链内组织管理	b6 链内管理机构	数字图书馆信息生态链内具有决策、执行、监督、协调、服务等职能的组织
	b7 链内管理制度	进行人员、设施管理方面的参考和依据，如部门规章、读者服务制度、奖惩措施、约束制度等
B4 网络环境因素	b8 网络信息制度	对数字图书馆信息生态链主体的信息活动和信息行为起引导和规范作用的政策、法律、法规、标准和宏观管理制度等
	b9 网络信息技术	对数字图书馆信息生态链运行和价值增值有直接影响的网络信息设施、硬件设备、系统软件、应用软件等
B5 主体价值需求结构	b10 价值种类需求	主体参与数字图书馆信息生态链内信息流转活动时期望从中获得的价值类型，如金钱、文化素质、社会形象、地位等
	b11 价值数量需求	主体参与数字图书馆信息生态链内信息流转活动时期望从中获得的价值数量多少
B6 新增价值及其分配	b12 新增价值种类	数字图书馆信息生态链价值增值产生的价值类型
	b13 新增价值数量	数字图书馆信息生态链价值增值产生的价值数量多少
	b14 新增价值分配	对数字图书馆信息生态链的增值价值进行分配的方式、方法以及价值分配的公平与否

4.3.3 三级编码——选择性编码

选择性编码（Selective Coding）就是在主轴编码的基础上，进一步梳理各个主范畴之间的关系，挖掘出范畴中的核心范畴，并系统建立核心范畴和其他范畴间的关联关系。[①] 核心范畴具有较强的概括力和关联能力、能

---

① 张宁，袁勤俭. 用户视角下的学术社交网络信息质量影响因素研究——基于扎根理论方法［J］. 图书情报知识，2018(5)：105-113.

够统领整合许多相关的范畴。① 笔者通过不断对核心范畴进行维度、属性等方面的比较分析，提炼出核心范畴"数字图书馆信息生态链价值平衡影响因素"，并最终形成了表 4.8 所示的主范畴的典型关系结构。

表 4.8　　　　　　　　　　　　主范畴的典型关系结构

典型关系结构	关系结构的内涵	受访者的代表性语句（提炼出的关系结构）
链的性质与任务→主体价值需求结构	链内流转的信息种类和数量直接影响链内主体期望获得的价值种类和数量	A18：我平时使用高校图书馆主要是为了查找论文写作需要的文献资料，希望这些资料能为我提供论文写作思路或者让我有新的想法、观点；使用公共数字图书馆主要是为了找些休闲娱乐方面的杂志或者可以读给小孩听的故事（不同性质的链内流转的不同种类信息引发信息主体不同的价值种类需求） A60：行业群的用户需求的资源内容不一样，高等教育行业需要的知识更多且更为深入，所以价格会贵一些，基础教育行业知识较浅，需要的量较少，价格就会低一些（链内流转的信息资源数量影响主体价值数量预期）
链的性质与任务→新增价值及其分配	链的社会职能决定了链的目标定位，进而影响链内新增价值的种类和数量	A31：我们公共图书馆提供服务更多的是一种公益性的，跟金钱没有太大的关系，都是为了读者，满足读者的信息需求，也希望读者利用完数字资源之后感到满足，对图书馆感到满意（链的性质决定主体价值种类及数量需求） A45：公共图书馆是一种公众性的服务。高校的话侧重点在于科研产出，着重于人才培养，但是公共图书馆则是倾向于人文素质提升（链的性质不同其价值目标定位也不同） A32：我们省图主要就是为了服务社会大众读者，为读者提供满意的服务是我们工作的目标，我们积极响应国家全民阅读号召，会尽全力为读者们提供内容丰富、新颖的各类信息，提升全民文化素养。（链的社会职能决定了链的目标定位进而影响链内新增价值的种类和数量） A53：科研院所的话，比如中科院，中国农业研究所，它们也会跟出版社谈一个以它们那边的单位为主体的价格。企业的话，就是单独定价的，会比高校和科研院所的要高一些（对象性质不同，数据库定价收费也不同）

① Charmaz, K. International Encyclopedia of the Social & Behavioral Sciences ‖ Grounded Theory：Methodology and Theory Construction[J]. International Encyclopedia of the Social & Behavioral Sciences, 2001：6396-6399.

续表

典型关系结构	关系结构的内涵	受访者的代表性语句(提炼出的关系结构)
链内信息主体因素→主体价值需求结构	主体所处生态位和主体的价值能力直接影响主体对价值种类和数量的需求	A22：我从学校数据库里查找信息主要是为了学术研究，希望找到新思路，增加自己的专业积累；但当我发表论文并被数据库收录了，我就希望能得到合理的版权费并且论文被引用频次高，提高自己学术影响力(主体在链内角色不同对价值种类需求也不同) A62：物以稀为贵，自己占有的资源越稀少定价越高，独有资源有议价空间，价格更加坚挺，比如我跟某个出版社签订了一个国外的独家的推广协议，意味着这家出版社的资源只会给我代理，国内的高校和科研院所需要购买的话，只能从我这里购买(资源独占性影响主体价值数量需求) A36：免费从数据库中下载的文献里，如果有我需要的相关信息肯定会非常高兴，如果没有有用信息也不会太失望，但如果我是付费下载获得的文献，如果不能从里面找到我想要的内容我会非常不满，觉得不值(主体价值投入影响其价值回报数量预期)
链内信息主体因素→新增价值及其分配	主体价值能力、主体间竞合关系决定了整链的价值增值水平，主体所处生态位和主体的价值能力影响链内新增价值分配的公平性	A45：馆员素质跟不上，对整个数据库的推广是有阻碍的，一些外文数据库用得不好就可能跟馆员的素质是有关系的(主体价值创造能力影响链的价值增值水平) A59：访问量主要是取决于数据库自身的质量，比如期刊质量，影响因子之类的，其次就是用户体验，而这两方面都是需要数据库商来投入的(主体价值投入能力影响链价值增值数量) A61：一定的行业竞争会激励我们向读者提供性价比更高的服务，比如竞争导致大家有时为获得这个单子可能会降价或提高门槛、技术壁垒，压缩自己的成本，能促进企业内部良性改进(竞争激发主体价值创造能力影响整链价值增值水平) A39：比如说每个学校的学位论文，如果相互之间开放合作，那么知网就没有这么明显的垄断优势(合作打破垄断提高整链价值增值能力和水平) A47：图书馆与师生之间沟通不畅，师生不太了解图书馆提供的信息服务，比如文献传递，很多师生不知道这项服务，找不到想要的文章(上下游主体间合作影响链的运行效率和价值增值水平) A53：国务院颁发的调查研究报告是我们才有的，其他数据库是没有的。这对定价是有影响的，因为是我们独家资源，具有一定的垄断性，我们对定价是有话语权的，价格也会定的高一点(主体资源占有情况决定其价值分配话语权及价值分配公平性)

续表

典型关系 结构	关系结构 的内涵	受访者的代表性语句(提炼出的关系结构)
链内组织管理 →主体价值需 求结构	链内管理机构 依照相关管理 制度对主体价 值需求结构进 行调节	A01：图书馆每学期对新生开展的数据库使用培训讲座，可以帮助我们了解数字图书馆的使用规范，明确各类数据库提供的数字资源类型以及文献下载权限(链内组织管理引导信息主体的价值种类及数量需求) A57：我们单位是科技情报所旗下的公司，也算是国企控股，很早就开始注意版权、知识产权，我们每个协议都经过法务审核，每个上网的资源经过公司正规引进协议才能提供在线服务，当然这也提高了我们的资源和服务成本(链内管理机构对主体价值需求进行审查约束)
链内组织管理 →新增价值及 其分配	链内管理机构 依照相关管理 制度对链内新 增价值进行分 配和调节	A44：我们馆办公室主要是对图书馆日常工作进行指导和规范，比如图书馆的开放时间、每年购买图书资料与学生人数的比例等，再比如参与 CALIS 进行联合编目以减少编目人员的工作量等(管理组织指导安排工作，决定价值投入成本，影响价值回报和分配) A60：高校有一个高校数字资源采购联盟(DIAA)，在有外文资源进入国内的时候，DIAA 会直接组团跟他们谈一个团购价，比出版社的标价低很多的，能享受这个价格的只能是他们的合作单位(链内管理组织对整链的新增价值进行分配和协调)
网络环境因素 →主体价值需 求结构	网络信息制度 引导和约束链 内主体的价值 种类和数量需 求	A37：我们馆以前还有文献传递服务，但是前不久有出版社把我们告了，说我们文献传递的内容没有经过它们授权，后来馆里就取消了文献传递服务(知识产权信息制度规范主体行为，限制主体不合理的价值需求) A55：知识产权就是一个渠道的规则，你必须要在这种规定的条条框框里面去拿到版权以后才能够进行销售，它约束各个数据库商在国家规范的范围内合法合理运营，提供相关服务，我们也乐于去执行，希望做行业标杆，形成有序良好的环境(信息制度约束主体行为和主体的价值需求)

续表

典型关系 结构	关系结构 的内涵	受访者的代表性语句（提炼出的关系结构）
网络环境因素 →新增价值及 其分配	网络信息技术 水平直接影响 链的价值增值 水平、网络信 息制度影响新 增价值及其分 配	A63：我们还有一些软硬件相结合的产品，比如说触摸屏、朗读亭这些我们都有涉及，这些算是我们的特色资源，能吸引很大一部分用户（信息技术水平提高链的价值创造能力） A04：硬件配置越高，数字信息的获取和处理速度越快，软件比如远程登录的 VPN 可以更方便获取文献（网络信息技术水平直接影响主体信息活动效率进而影响整链的价值增值速度） A66：去年有一个电子书，它说它得到了授权，但是出版社那边没有认可，后来被罚了 40 万（网络信息法规约束链内主体行为，协调利益分配） A58：之前很多东西还没有收版权费，像学位论文、期刊、标准等，现在版权保护意识越来越强，期刊、学位论文收集每年要付很多版权费用，这个成本水涨船高，我们肯定要向下游转移，不然我们自己吃不消（版权制度影响信息流转成本及新增价值分配）
主体价值需求 结构＋新增价 值及其分配→ 价值平衡	主体价值需求 结构、新增价 值及其分配方 式共同对数字 图书馆信息生 态链价值平衡 产生直接影响	A02：比如我需要专业方面的 100 篇文章，图书馆能够提供，那就是能够满足，我就觉得价值平衡了（主体价值需求是否得到满足直接影响链的价值平衡） A07：每个人参加数字图书馆信息活动肯定都有一定的目的性啊，只是有的人清楚知道自己想要什么，有的人比较随意，但是我觉得只有大家的价值需求都在合理范围内才能得到满足、达到价值平衡，如果链内只生产了 100 的价值，你却想要获得 1000 甚至 10000 的价值，这肯定是不现实也绝对满足不了的啊（主体价值需求合理度直接影响链的价值平衡） A23：我觉得数字图书馆信息生态链中最不平衡合理的地方就是，我们科研工作者出钱发表了文章，不仅稿酬很少，而且我们去数据库里下载阅览自己的文章还要付费（新增价值分配公平合理度直接影响链的价值平衡）

本研究围绕"数字图书馆信息生态链价值平衡影响因素"这一核心范畴，可以将主范畴间的典型关系和相互作用概括为：链的性质与任务、链内信息主体因素、链内组织管理、网络环境因素四个主范畴通过直接影响主体价值需求结构和新增价值及其分配，来间接影响链的价值平衡状态；主体价值需求结构和新增价值及其分配直接影响链的价值平衡状态。本研究以此"故事线索"为基础，建构和发展出一个"数字图书馆信息生态链价值平衡影响因素初始理论模型"，如图4.2所示。

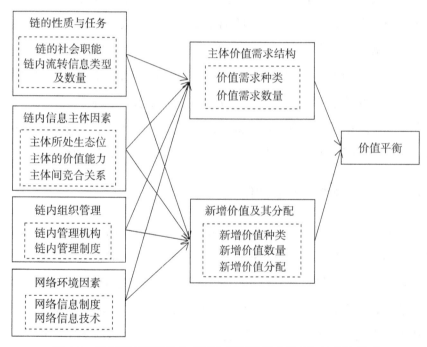

图4.2　数字图书馆信息生态链价值平衡影响因素初始理论模型

4.3.4　理论饱和度检验

根据扎根理论的要求，需要对以上得出的"数字图书馆信息生态链价值平衡影响因素初始理论模型"进一步进行理论饱和度检验。笔者对之前预留下的10份随机抽取访谈样本按照同一流程进行扎根理论编码处理，结果没有发现模型之外新的概念、范畴和逻辑关系。因此，可以认为本研究构建的"数字图书馆信息生态链价值平衡影响因素初始理论模型"通过理论饱和度检验，在理论上达到饱和。

4.4　基于专家调查法的模型修正

以上通过扎根理论确定了数字图书馆信息生态链价值平衡影响因素，并得出了数字图书馆信息生态链价值平衡影响因素初始理论模型。虽然数字图书馆信息生态链价值平衡影响因素初始理论模型通过了理论饱和度检验，但还缺乏领域专家的认可，而有研究者认为，可以采用观察者稳定度、平行模式和观察者评分一致等方式来提高质性研究的信度。① 因此，为了增强研究结果的可信度、完善数字图书馆信息生态链价值平衡影响因素及其初始理论模型，本书在扎根理论研究结果的基础上，再次采用专家调查法对数字图书馆信息生态链价值平衡影响因素进行进一步探索。

4.4.1　专家调查问卷表的制定

在上文中，我们通过扎根理论初步得出影响数字图书馆信息生态链价值平衡的 4 个直接影响因素(链的性质与任务、链内信息主体因素、链内组织管理、网络环境因素)以及 2 个间接影响因素(主体价值需求结构、新增价值及其分配)，我们在此基础上拟定了第一轮数字图书馆信息生态链价值平衡影响因素专家调查表(见表 4.9)。专家调查表对本次的调查目的及调查表填写说明进行了详细介绍，邀请专家对所列数字图书馆信息生态链价值平衡影响因素的重要性程度进行判断，对各影响因素的维度划分及其所含因子提供指导意见，并对调查表中没有出现的影响因素进行补充和完善。制定的专家调查问卷采用李克特五等级量表模式，影响因素重要性

---

① Denzin N K, Lincoln Y S. The Sage handbook of qualitative research [J]. Asian Journal of Social Psychology, 2005, 10(4): 277-279.

分为非常重要、比较重要、一般、不太重要、不重要五个等级，各等级对应分值分别为 5 分、4 分、3 分、2 分、1 分。

表 4.9　　数字图书馆信息生态链价值平衡影响因素重要性调查问卷

影响因素		因素说明	十分重要	比较重要	一般	不太重要	不重要
链的性质与任务	链的社会职能	数字图书馆信息生态链的功能、运行目的和承担的社会责任，如开展社会教育、传递科学情报、开发智力资源等					
	链内流转信息类型及数量	数字图书馆信息生态链中流转的具体信息种类及数量多少，如专业知识、社会通识、休闲娱乐信息等					
链内信息主体因素	主体所处生态位	信息主体在链中角色、职权定位及其占有和利用信息资源、信息技术等资源的状况					
	主体的价值能力	主要是价值创造能力、价值投入能力、价值获取能力以及价值感知能力					
	主体间竞合关系	链内主体之间从各自利益出发为争取利益最大化而自愿形成的竞争关系和合作关系					
链内组织管理	链内管理机构	数字图书馆信息生态链内具有决策、执行、监督、协调、服务等职能的组织					
	链内管理制度	链内管理组织在进行人员、设施管理方面的参考和依据，如部门规章、奖惩措施等					
网络环境因素	网络信息技术	对链的运行和价值增值有直接影响的网络信息设施、硬件设备、软件等					
	网络信息制度	对链的信息活动和主体信息行为起引导和规范作用的政策、法律、标准等					

续表

影响因素		因素说明	十分重要	比较重要	一般	不太重要	不重要
主体价值需求结构	价值种类需求	主体参与数字图书馆信息生态链内信息流转活动时期望从中获得的价值类型，如金钱、文化素质、社会形象、地位等					
	价值数量需求	主体参与数字图书馆信息生态链内信息流转活动时期望从中获得的价值多少					
新增价值及其分配	新增价值种类	数字图书馆信息生态链价值增值产生的价值类型					
	新增价值数量	数字图书馆信息生态链价值增值产生的价值多少					
	新增价值分配	对数字图书馆信息生态链的增值价值进行分配的方式、方法					

4.4.2　专家调查实施过程及结果分析

（1）专家选择

由于之前参与数字图书馆信息生态链价值平衡标志多轮专家调研的 20 名领域专家对本研究了解比较深入，且通过之前的多轮专家问卷调查同专家们已经比较熟悉，因此我们通过电子邮件、电话等方式再次邀请之前的 20 名数字图书馆和信息生态领域专家（包括 8 名数字图书馆领域专家、8 名信息生态领域专家以及 4 名情报学专业博士生）参与此次专家问卷调查。

（2）第一轮问卷发放及结果返回

专家调查法一般要经过 2~4 轮专家咨询直至专家意见趋于一致便可结束调查。由于之前通过扎根理论已获得数字图书馆信息生态链价值平衡影响因素，因此本研究采用两轮专家咨询。两轮调查问卷均通过电子邮件发送给上述 20 名专家，确保专家能在独立环境下根据自己的理解对各影响因素的重要性程度进行分析判断。[1] 我们对回收的第一轮专家调查问卷进行整理和归纳后发现专家们的主要意见如下：①价值种类需求和价值数量需求不足以支撑主体价值需求结构这一影响因素，价值需求结构是否还应包括主体需求的各类价值所占的数量比例？②链内流转信息类型及数量这一影响因子是否应该调整为链内流转信息类型和链内流转信息数量两个影响因子？

针对这两点，笔者与提出修改意见的相关专家进行了深入交流。首先，根据经济学里"需求结构"的定义，主体价值需求结构因素里确实应该包含不同种类价值的数量比例这一关键因子，我们从扎根理论原始资料中得出的价值种类需求和价值数量需求看似是两个独立因子，实则两者之间有一些深层关联——即不同种价值的数量比例，我们对原始资料进行编码时忽视了两者之间的关联。其次，链内流转信息数量和种类对链价值平衡的作用大小可能不一样，专家提议将链内流转信息类型及数量这一影响因子调整为链内流转信息类型和链内流转信息数量两个影响因子是为了能更细致了解不同影响因子对链价值平衡的影响。鉴于以上两点强有力的解释，我们依照专家建议对初始问卷进行了调整和修改。

（2）第二轮问卷发放及结果返回

我们将修改后的数字图书馆信息生态链价值平衡影响因素重要性问卷（见附录5）再次发放给20名专家，征询专家们的意见。本轮调查结束后，专家们意见基本一致，认为所列影响因素已较为全面，影响因子划分也较为合理。对专家的打分结果进行统计分析，并计算出每个影响因子的平均得分，结果如表4.10所示。我们认为当影响因子得分低于3分时表明该影响因子对数字图书馆信息生态链价值平衡影响较低，可以删减。

---

① 樊长军，张馨，连宇江，侯荣理，康美娟，赵军亮，朱媛. 基于德尔菲法的高校图书馆公共服务能力指标体系构建[J]. 情报杂志，2011，30(3)：97-100，169.

表4.10　　数字图书馆信息生态链价值平衡影响因素专家调查结果

影响因素 影响维度	链的性质 与任务			信息主体 因素			链内组织 管理		网络环境 因素		主体价值 需求结构			新增价值 及其分配		
	链的社会职能	链内信息数量	链内信息类型	主体所处生态位	主体价值能力	主体间竞合关系	链内管理机构	链内管理制度	网络信息技术	网络信息制度	价值种类需求	价值数量需求	需求种类比例	新增价值种类	新增价值数量	新增价值分配
价值平衡	4.6	3.8	4.0	4.5	4.9	4.7	3.5	4.1	3.9	3.7	3.5	3.6	2.8	4.3	4.5	4.9

由第二轮专家打分结果可知，除需求种类比例(专家补充影响因子)这一影响因子得分略低于3分，其他影响因子得分均高于3分，这在一定程度上验证了由扎根理论得出的数字图书馆信息生态链价值平衡影响因素的可靠和准确性。与部分专家讨论后，认为虽然需求种类比例这一影响因子得分低于3分，但其与价值种类需求和价值数量需求这两个影响因子都有深层关联，且其也是价值需求结构这一概念的重要构成，因此予以保留。

4.4.3　基于专家调查结果的影响因素模型修正

以上专家调查结果对由扎根理论得出的数字图书馆信息生态链价值平衡影响因素进行了一定程度上的验证和补充完善。本研究在此基础上对数字图书馆信息生态链价值平衡影响因素初始理论模型(见图4.1)进行了初次修改，并邀请以上部分专家对修改后的模型提出指导意见。考虑到后面的影响因素作用机理分析，专家们建议将第三章得出的数字图书馆信息生态链价值平衡标志(主体价值需求结构合理、新增价值分配公平、价值需求得到满足)添加到模型中，这样可使影响因素的影响途径更加清晰也有利于对其作用机理进行分析。结合专家们的意见，对模型进行修正和完善，最终得出数字图书馆信息生态链价值平衡影响因素理论模型，具体如图4.3所示。

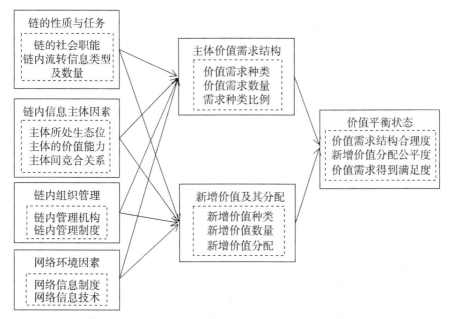

图 4.3　数字图书馆信息生态链价值平衡影响因素理论模型

4.5　模型阐释

本书构建的数字图书馆信息生态链价值平衡影响因素理论模型(见图4.3)表明数字图书馆信息生态链价值平衡状态受到链的性质与任务、链内信息主体因素、链内组织管理、网络环境因素、主体价值需求结构、新增价值及其分配六大因素的影响。下面将对这六大因素的内涵、范围以及各因素间的关系进行简要阐释。各影响因素对数字图书馆信息生态链价值平衡的作用路径及作用机理将在第五章进行详尽阐述,此处便不再赘述。

4.5.1　影响因素内涵阐释

(1)链的性质与任务

链的性质与任务(B1)主范畴包括链的社会职能(b1)、链内流转的信息类型及数量(b2)两个副范畴。链的社会职能是指数字图书馆信息生态链的功能、运行目的和承担的社会责任，比如开展社会教育、传递科学情报、开发智力资源等；链内流转的信息类型及数量是指数字图书馆信息生态链中流转的信息数量多少及具体信息种类，比如按照信息呈现形式有电子图书馆、电子期刊、联合目录、数字音频、数字视频等，按照信息内容有专业知识类信息、社会通识类信息和休闲娱乐类信息等。以上两个副范畴归属于链的社会性质与任务这一因素，而链的性质与任务则属于链的因素层面。

（2）链内信息主体因素

链内信息主体因素（B2）这一主范畴包括主体所处生态位（b3）、主体的价值能力（b4）、主体间竞合关系（b5）三个副范畴。链内信息主体所处生态位是指信息主体在链中充当的角色（信息生产者、信息传递者、信息消费者）、职权定位及其占有和利用信息资源（如信息本体资源、信息技术资源等）的状况，主要包括信息资源生态位、信息功能生态位以及信息时空生态位；主体的价值能力是指主体对数字图书馆信息生态链价值增值的影响能力以及自身获取、感知价值的能力，主要包括价值创造能力、价值投入能力、价值获取能力以及价值感知能力；主体间竞合关系是指链内主体之间从各自利益出发，为争取利益最大化而自愿形成的竞争关系和合作关系。以上三个副范畴归属于链内信息主体因素这一主范畴，而链内信息主体因素属于主体因素层面。

（3）链内组织管理

链内组织管理（B3）这一主范畴包括链内管理机构（b6）和链内管理制度（b7）3 个副范畴。链内管理机构是指数字图书馆信息生态链内具有决策、执行、监督、协调、服务等职能的组织；链内管理制度是管理机构进行人员、设施管理方面的参考和依据，如部门规章、读者服务制度、奖惩措施、约束制度等。以上两个副范畴归属于链内组织管理这一因素，而链内组织管理则属于管理因素层面。

（4）网络环境因素

网络环境因素（B4）这一主范畴包括网络信息制度（b8）和网络信息技

术(b9)2 个副范畴。网络信息制度是指对数字图书馆信息生态链主体的信息活动和信息行为起引导和规范作用的政策、法律、法规、标准和宏观管理制度等，如《信息网络传播权保护条例》；网络信息技术是指对数字图书馆信息生态链运行和价值增值有直接影响的网络信息设施、硬件设备、系统软件、应用软件等，如无线通信设备、语义技术、数据挖掘技术等。以上两个副范畴归属于网络环境这一因素，而网络环境因素属于环境因素层面。

(5)价值需求结构

价值需求结构(B5)这一主范畴包括价值种类需求(b10)、价值数量需求(b11)以及需求种类比例(补充副范畴)3 个副范畴。价值种类需求是指主体参与数字图书馆信息生态链内信息流转活动时期望从中获得的价值类型，主要包括金钱等经济价值以及文化素质、社会形象、社会地位等非经济价值；价值数量需求是指主体参与数字图书馆信息生态链内信息流转活动时期望从中获得的价值数量的多少；需求种类比例是指每种价值需求的数量比例。以上三个副范畴归属于价值需求结构这一因素，而价值需求结构属于主体因素层面。

(6)新增价值及其分配

新增价值及其分配(B6)这一主范畴包括新增价值种类(b12)、新增价值数量(b13)和新增价值分配(b14)三个副范畴。新增价值种类是指数字图书馆信息生态链进行价值增值产生的价值类型；新增价值数量是指数字图书馆信息生态链进行价值增值产生的价值数量的多少；新增价值分配是指对数字图书馆信息生态链进行价值增值产生的价值进行分配的方式、方法以及价值分配的公平程度。以上三个副范畴归属于新增价值及其分配这一因素，而新增价值及其分配属于管理因素层面。

4.5.2 影响因素间关系阐释

数字图书馆信息生态链价值平衡影响因素理论模型主要包括链的性质与任务、链内信息主体因素、链内组织管理、网络环境因素、主体价值需求结构、新增价值及其分配六大影响因素。以上影响因素之间并不是相互独立的，它们之间存在系统性关联，均对数字图书馆信息生态链价值平衡有着直接或间接的影响。

①链的性质与任务因素中，链内流转的信息种类和数量直接影响链内主体期望获得的价值种类和数量；链的社会职能决定了链的目标定位，进而影响链内新增价值的种类和数量；而链内主体期望获得的价值种类和数量以及链内新增价值的种类和数量共同决定了链内信息主体价值需求结构的合理度，进而影响数字图书馆信息生态链的价值平衡。

②链内信息主体因素中，主体所处生态位和主体的价值能力直接影响主体对价值种类和数量的需求以及链内新增价值分配的公平性；主体间竞合关系决定了整链的价值增值水平；主体的价值需求与链的价值增值水平影响了主体价值需求结构的合理性；而主体的价值需求结构和链内新增价值分配共同影响数字图书馆信息生态链价值平衡。

③链内组织管理因素中，链内管理机构依照链内管理制度可以对信息主体价值需求结构的合理性和链内新增价值分配的公平性进行调节，进而影响数字图书馆信息生态链价值平衡。

④网络信息环境因素中，网络信息制度引导和约束链内主体的价值种类和数量需求、规范价值分配过程；网络信息技术水平直接影响链的价值增值的速度和大小；网络信息技术和网络信息制度通过影响主体价值需求结构合理度和链内新增价值分配公平性来间接影响数字图书馆信息生态链价值平衡。

⑤主体价值需求结构因素与新增价值及其分配因素共同决定了主体价值需求结构的合理性、价值分配的公平性以及链内主体的价值需求满足度，直接影响数字图书馆信息生态链价值平衡。

综上所述，链的性质与任务、链内信息主体因素、链内组织管理、网络环境因素通过影响主体价值需求结构、新增价值及其分配来间接影响数字图书馆信息生态链价值平衡，主体价值需求结构、新增价值及其分配直接影响数字图书馆信息生态链价值平衡。

4.6 本章小结

本章依据扎根理论的研究范式,围绕数字图书馆信息生态链价值平衡影响因素这一研究主题,选择高校数字图书馆信息生态链和公共数字图书馆信息生态链上数据库提供商、数字图书馆工作人员以及数字信息用户这三类较为典型的信息主体进行深度访谈,并对这一做法给出了合理解释。在选定访谈对象后,围绕研究主题拟定了数字图书馆信息生态链价值平衡影响因素访谈提纲,并通过小样本预调查对访谈提纲进行了修改和调整,然后通过面对面、电话以及视频三种方式对受访对象进行专访、录音,最终搜集到 70 份访谈资料。对搜集的访谈资料进行三级编码得到 226 个概念、链的社会职能(b1)、链内流转信息类型及数量(b2)、链内主体所处生态位(b3)、链内主体的价值能力(b4)、链内主体间竞合关系(b5)、链内管理机构(b6)、链内管理制度(b7)、网络信息制度(b8)、网络信息技术(b9)、价值需求种类(b10)、价值需求数量(b11)、新增价值种类(b12)、新增价值数量(b13)、新增价值分配(b14)等 14 个范畴,链的性质与任务(B1)、链内信息主体因素(B2)、链内组织管理(B3)、网络环境因素(B4)、主体价值需求结构(B5)、新增价值及其分配(B6)等 6 个主范畴,构建了数字图书馆信息生态链价值平衡影响因素初始模型并通过理论饱和度检验。为了进一步提高模型的可信度和科学性,笔者在初始模型的基础上再次采用专家调查法对数字图书馆信息生态链价值平衡影响因素进行进一步探索,根据专家们对模型的修改意见以及对影响因素重要性打分结果,不断修正和完善模型,最终得出数字图书馆信息生态链价值平衡影响因素理论模型。该理论模型包括链的性质与任务、链内信息主体因素、链内组织管理、网络环境因素、主体价值需求结构、新增价值及其分配六大数字图书馆信息生态链价值平衡影响因素,其中链的性质与任务、链内信息主体因素、链内组织管理、网络环境因素通过影响主体价值需求结构、新增价值及其分配从而间接影响链的价值平衡,主体价值需求结构、新增价值及其分配两大因素共同作用且直接影响链的价值平衡。本章的研究为后文数字图书馆信息生态链价值平衡影响因素作用机制分析及数字图书馆信息生态链价值平衡策略研究提供了良好支撑。

第5章 数字图书馆信息生态链价值平衡 影响因素作用机制

本章将在第四章研究的基础上，对数字图书馆信息生态链价值平衡影响因素理论模型进行更为深入、细致的研究，进一步分析各影响因素对数字图书馆信息生态链价值平衡的影响路径和作用机理，为下一章数字图书馆信息生态链价值平衡策略的提出打下理论基础。

5.1 链的性质与任务对价值需求结构和新增价值及其 分配的影响

数字图书馆信息生态链的性质与任务主要包括链的社会职能和链内流转的信息类型及数量两方面。

5.1.1 链的社会职能对主体价值需求结构和新增价值的影响

链的社会职能是指信息生态链的功能、运行目的及其承担的社会责任，它是信息生态链对社会外部作用的表现，也是社会生活对信息生态链的社会要求。[①] 国际图联将图书馆的社会职能总结为保存文化遗产、开展社会教育、传递科学情报和开发智力资源四个方面,[②] 国内有学者认为图

---

① 唐作新. 关于图书馆职能问题研究的综述[J]. 四川图书馆学报，1997(6)：22-28.

② 陈源蒸. 宏观图书馆学[M]. 北京：北京大学出版社，1989：9-12.

书馆的社会职能还包括文化娱乐①。数字图书馆是数字图书馆信息生态链的核心节点，同图书馆一样，数字图书馆信息生态链的社会职能也包括以上四方面，但不同类型数字图书馆信息生态链的社会职能有所差别。

数字图书馆信息生态链的社会职能决定了链的价值目标定位，进而影响整条链的新增价值种类及链内主体的价值种类需求。虽然教育是所有图书馆的基本职能，②但不同性质的数字图书馆信息生态链的社会职能还是有所区别的。例如，高校数字图书馆是为了满足教师教学、科研和学生学习而建立起来的，③高校数字图书馆信息生态链的社会职能主要是传递科学情报，为高校教师、科研人员、学生以及广大读者等提供知识服务。这一社会职能决定了高校数字图书馆信息生态链的价值目标定位主要是素质价值和文化价值的增值，链内新增价值也将主要以素质和文化价值为主。高校数字图书馆作为高校数字图书馆信息生态链的核心节点，其价值需求肯定与整链的价值增值目标一致，而作为数字信息用户的高校师生在参与高校数字图书馆信息生态链信息活动时，会明确自己的价值需求主要是素质需求，而不会盲目、不切实际地期望从链中获得文化娱乐等价值。公共数字图书馆信息生态链最主要、最核心的社会职能是开展社会教育，④为社会大众广泛获取各种数字信息提供更方便的方式与途径，⑤此外还担负有一定的娱乐消遣职能。⑥公共数字图书馆信息生态链的社会职能决定了其价值增值目标以及链内新增价值主要是社会价值和文化价值。同样，作为核心节点的公共数字图书馆其价值需求将主要是满足社会大众读者需

---

① 黄宗忠.图书馆学导论[M].武汉：武汉大学出版社，1988：141.

② 何善祥.图书教育职能论[J].图书馆界，1993(4)：1-3.

③ 黄晓芳.高校数字图书馆——现代远程教育的支持服务中心[J].惠州学院学报(社会科学版)，2004(2)：104-108.

④ 孙晓英.图书馆生态学理论的构建及现实意义[J].常州工学院学报，2006(2)：90-93.

⑤ 陈冬.公共图书馆数字时代社会职能的演变[J].兰台世界，2011(12)：75-76.

⑥ 赵达雄.图书馆四大职能的传承与创新[J].图书馆理论与实践，2000(1)：13-16.

求，获得社会形象、声誉等社会价值，社会大众在参与数字图书馆信息生态链信息活动时，价值种类需求也会以文化价值和娱乐价值为主，而不会期望从链中获取能力提升、观念更新、知识结构优化等素质价值。可见，数字图书馆信息生态链的社会职能决定了链的价值目标定位，而链的价值目标定位一方面决定了整链新增价值的种类，另一方面会在很大程度上影响链内主体的价值目标定位，并引导链内主体及时调整自己的价值需求结构向该链整体的价值目标定位靠拢。

5.1.2 链内流转信息类型和数量对链内新增价值的影响

链内流转的信息类型和数量是指信息生态链正常运行时，链内流转的具体信息种类及信息数量的多少。不同性质的数字图书馆信息生态链内流转的信息类型和数量是不同的。一般来说，公共数字图书馆相对高校数字图书馆而言，馆藏信息资源覆盖面更广，类型更加丰富多样，[①] 且由于具有更好的网络支持技术及更多的经费投入，公共数字图书馆的数字信息数量更多[②]。数字图书馆信息生态链内流转的信息种类和数量决定了链内新增价值的种类和数量。

一方面，不同性质的数字图书馆信息生态链内流转的信息类型不同，新增和参与分配的价值种类也不相同。例如，高校数字图书馆信息生态链内流转的主要是馆藏书目数据库、电子图书、电子期刊、研究报告、数字音频、数字视频等专业性和针对性都较强的学术信息，其主要目的是通过学术信息的流转，满足高校师生及科研人员获取知识、提高自身素质的需求，这类学术信息在流转的过程中会产生大量素质价值。而公共数字图书馆信息生态链内流转的主要是电子图书、电子报刊、时政财经电子杂志、新闻资讯等与社会大众生活学习密切相关的信息，这些通识性更强的信息

① 李彦，胡漠，王艳东．公共数字图书馆信息生态化程度测评研究[J]．情报科学，2015，33(2)：35-40.

② 谢人强，叶福兰．数字图书馆网站信息服务生态性评价及实证研究[J]．图书馆工作与研究，2018(7)：74-80.

在流转的过程中主要产生社会价值和文化价值，以及部分娱乐价值。另一方面，不同性质的数字图书馆信息生态链中流转的信息数量也有很大差别。链内信息流转数量越大，说明链的运行效率越高，整条链价值增值数量也会越大，参与分配的价值也就越多。需要说明的是，链内流转信息数量并不是链内数字图书馆存储和能够提供的数字信息数量，而是一定时间内参与链内信息流转的数字信息数量。虽然由于技术、资金投入等原因，大多数情况下公共数字图书馆拥有的数字信息资源数量高于高校数字图书馆，但也可能由于某段时间内其下游信息用户数量较少而导致公共图书馆信息生态链内流转的数字信息数量低于高校数字图书馆信息生态链内流转的信息数量。数字图书馆信息生态链中流转的信息数量每时每刻都在发生变化，某段时间内链内信息流转数量较大，说明在该时间段内，链的运行效率比较高，整条链价值增值数量也会比较大，参与分配的新增价值也就比较多。例如，在寒暑假的时候，由于高校师生放假，高校数字图书馆信息生态链的数字信息用户会大幅度减少，链内流转的数字信息也会变少，与此同时由于放假的中小学生及大学生的加入，公共数字图书馆信息生态链中的数字信息用户会大量增加，公共数字图书馆信息生态链内流转的信息数量会远大于平时。因此，在寒暑假期间，公共数字图书馆信息生态链的运行效率会显著提高，链内新增价值数量及可参与分配的价值数量也会高于平时。

5.2 链内信息主体因素对价值需求结构和新增价值及其分配的影响

信息主体也叫信息人，是指一切需要信息并参与信息活动的单个人或由多个人组成的社会组织。[①] 链内信息主体因素包括主体所处生态位、主

---

① 娄策群. 信息生态系统理论及其应用研究 [M]. 北京：中国社会科学出版社，2014：42.

体的价值能力以及主体间的竞合关系。

5.2.1 主体所处生态位对价值需求结构和新增价值分配的影响

信息主体所处的生态位是指信息人在信息生态环境中所占据的特定位置，主要包括信息功能生态位、信息资源生态位和信息时空生态位。[①] 由于数字图书馆信息生态链内的信息主体大多处于网络信息环境之中，并且由于网络的方便快捷性，其受信息时空的影响并不明显，所以在此仅分析链内信息主体所处信息功能生态位和信息资源生态位对数字图书馆信息生态链价值平衡的影响。信息主体在数字图书馆信息生态链中所处的生态位对信息主体的价值需求结构和新增价值及其分配的影响主要体现在以下两个方面。

（1）主体的信息功能生态位决定主体的价值种类需求

数字图书馆信息生态链中信息主体的信息功能生态位是指信息主体在数字图书馆信息生态链中的角色定位和职权定位。数字图书馆信息生态链中信息主体的信息功能生态位决定了信息主体的价值种类需求。数字图书馆信息生态链内信息主体所处的功能生态位不同，从事的信息活动不同，对价值种类的需求也不相同。在数字图书馆信息生态链中，处于上游的信息生产者进行信息生产的根本动力来自对经济价值的追求，他们期望用自己生产的信息换取一定的经济价值以满足自身的物质需求，与此同时他们也需要获得自身文化、情感的满足，获得一定的社会地位和影响力，所以其最核心的价值需求是经济价值；处于中游的信息传递者也就是数字图书馆对价值的需求则是经济价值与文化价值兼顾，即使是公益性质的数字图书馆，在考虑进行信息传递活动的数据库购买、人力设备投入成本及有限的经费预算时，也会采取一定措施（如压缩成本或业务创收等）来获取一定的经济价值以维持其正常的信息传递功能；而处于信息生态链下游的信息消费者，也就是信息用户，其最根本的价值需求就是文化、素质价值，他

---

① 娄策群．信息生态位理论探讨[J]．图书情报知识，2006(5)：23-27.

们期望通过获得的信息提升自己的文化素养和学术水平。需要指出的是,数字图书馆信息生态链内同一信息主体可以同时或在不同时期充当不同角色,但在同一时期的多个角色有主次之分,特别是数字图书馆信息生态链中信息生产者和信息用户之间的角色转换十分频繁和密切,这也导致其价值需求种类的频繁变化。例如,高校数字图书馆信息生态链中,当高校师生作为下游信息用户从链中获取和利用信息时,其期望获得的是知识增长、能力提升等素质价值;而当其作为信息生产者发表论文或著作后,其期望的却是在获取合理版权费用的同时自己的作品能被他人认可,获得一定的学术影响力和社会声誉。可见,数字图书馆信息生态链中信息主体所处的信息功能生态位不同,信息主体的价值种类需求也不同。

(2) 主体的信息资源生态位影响链内新增价值分配

数字图书馆信息生态链中信息主体的信息资源生态位是指信息主体在信息环境中占有和利用信息本体、信息技术等信息资源的状况。数字图书馆信息生态链中信息主体的信息资源生态位影响链内新增价值分配。信息主体所处的信息资源生态位越高,其信息资源占有和利用率也越高,在信息生态链中的竞争、生存和发展能力也就越强,这类主体在信息生态链中往往处于强势主导地位,引领着整条信息生态链的价值走向,对新增价值分配起着决定性作用。

目前,数据库建设在我国数字图书馆信息资源建设中占据很大比重,数字图书馆中各类数字信息资源主要来源于馆藏书目数据库、自建特色数据库以及外购的各类光盘、电子出版物数据库等。由于数字图书馆数据库建设人力、技术等方面的限制,在以上数据库中,数字图书馆又以外购数据库为主。因此,在数字图书馆信息生态链中,数据库提供商就处于高位资源生态位,占有信息生态环境里绝大部分数字信息资源,拥有种类丰富、数量繁多的网络信息、数据业务、客户资源、数据库建设人才、传播平台以及较为先进的信息储存、流转技术,在数字图书馆信息生态链中往往处于强势主导地位,在对新增价值进行分配时拥有较高的话语权和议价能力。当和上游的信息生产者或期刊出版商产生价值冲突时,往往会仰仗自己所占有的各类资源优势与其讨价还价，对其施加压力，逼迫他们做出让步；而当面对下游的数字资源采购者数字图书馆时，会仰仗自己持有的资源更加强势，往往是自己定价，留给数字图书馆讨价还价的空间非常小。例如，中国知网作为世界上全文信息量规模最大的数据库提供商，一方面凭借自身占有信息数量的优势几乎垄断中文数据库市场，成为高校数字图书馆信息生态链中最为重要的数字信息提供商，高校图书馆在购买该数据库时，由于无法找到可以替代的数据库，所以面对知网的高额定价以及每年的大幅度提价，高校数字图书馆只有接受，基本没有讨价还价的余地；另一方面由于知网巨大的知名度和利用率，部分期刊出版商也会主动低价甚至无偿将其出版信息提供给它，以提升自己期刊知名度和影响因子。以上两种情况都极容易造成数字图书馆信息生态链内的价值冲突，影响链内价值分配的公平合理。由此可见，数字图书馆信息生态链内信息主体所处的信息资源生态位，直接决定了其在新增价值分配中的地位，对价值分配的结果影响非常大。

5.2.2 主体的价值能力对价值需求结构和新增价值及其分配的影响

数字图书馆信息生态链信息主体的价值能力主要包括价值创造能力、价值投入能力、价值获取能力以及价值感知能力。主体的价值能力对数字图书馆信息生态链内信息主体的价值需求结构和新增价值及其分配主要有以下几个方面的影响。

（1）主体价值创造能力决定链的新增价值数量并影响价值分配

价值创造能力原是指企业根据顾客的需求和偏好创造优异顾客价值能力，它是整合研究开发能力、产品生产能力以及员工能力等要素的核心能力。数字图书馆信息生态链主体的价值创造能力主要是指链内主体通过参与链内信息流转活动来创造和生产价值的能力，例如信息主体的综合素质、专业技能水平、服务意识和创新能力等。

数字图书馆信息生态链内主体的价值创造能力决定了整链价值增值数

量及速度，并对价值分配有较大影响。数字图书馆信息生态链上各个信息主体由于受自身和外部各种因素的影响，其价值创造能力是不同的，价值创造能力强的主体所能创造的价值数量会远高于价值创造能力低的主体所能创造的价值数量。在数字图书馆信息生态链中，信息能力和素质越强、规模越大、服务生产能力越强、基础设施越好的信息主体所能创造的价值也越高，反之，其所能创造的价值则越低。如果数字图书馆信息生态链中信息主体的价值创造能力都比较强，它们就越容易抓住各种机遇，促进信息生态链的价值增值速度，提高信息生态链新增价值的数量，那么整条链新增价值的数量会非常可观。可见，链内主体的价值创造能力越强，数字图书馆信息生态链整链的价值增值数量和价值增值速度也越高。此外，提升自身实力会让节点在已有的合作收益中获得更多的分成，在可能的合作中拥有更多的选择。[1] 在数字图书馆信息生态链中，一般关键性节点的价值创造能力会高于辅助性节点，创造的价值也多于辅助性节点。这些创造价值较多的关键性节点在价值分配时会由于其在数字图书馆信息生态链中起到的重要作用(如数据库提供商和数字图书馆)而获得更多关注，被分配更多的价值；而那些在数字图书馆信息生态链中作用不明显的辅助性节点(如信息用户)在价值分配时往往被关注较少甚至被忽略，分配到的价值也会很少。[2] 可见，数字图书馆信息生态链信息主体价值创造能力越强，越能主导整链的信息流转活动，对整链的价值分配结果影响也越大。

(2)主体价值投入能力影响链的价值增值和价值分配

数字图书馆信息生态链内信息主体的价值投入能力是指链内各信息主体为链的运行和价值增值投入的各种资源状况，具体包括投入资源的类型、数量以及投入形式。数字图书馆信息生态链上各个主体对链运行投入的资源状况存在很大差异，信息生产者主要是以脑力劳动创新的形式投入时间和精力生产信息资源，数据库提供商主要以企业运营、版权购买等形

---

① 张海涛，孙思阳，任亮，李泽中．基于竞合关系的商务网络信息生态链演化博弈研究[J]．情报理论与实践，2018(10)：60-65.

② 杨小溪．网络信息生态链价值管理研究[D]．华中师范大学，2012.

式投入资金、人才、技术、设备等资源，数字图书馆则主要是以服务读者、数据库采购等形式投入信息、资金、人才、设施等资源，信息用户则以有偿购买或授权免费使用的形式投入资金或个人时间、精力等资源。可见，数字图书馆信息生态链中各信息主体价值投入能力不尽相同，各主体投入的资源类型、数量及投入形式更是多种多样。

数字图书馆信息生态链内主体的价值投入能力对整链价值增值和价值分配有较大影响。首先，主体的价值投入能力决定了主体对数字图书馆信息生态链价值增值贡献的大小，主体的价值投入能力越强，对链的增值贡献越大，链运行时价值增值的数量也越大。其次，信息主体投入的资源类型、数量、形式不同，对链价值增值的贡献不同，所期望获得的价值回报也不相同。按照价值分配公平性原则，投入多、创造价值多的主体分配到的价值也多，投入少、创造价值小的投入主体分配到的价值也会少一些。因此，链内价值投入能力越强的主体越希望能够按劳分配，也更注重价值分配的公平合理性。同时，抱着"多劳者多得"的思想，信息主体对链投入越多，对价值增值的期望也会越大，继而对价值回报的需求也会越大。需要说明的是，由于一些难以量化的价值(如素质价值、形象价值)并不能通过价值分配机制来实现，所以以上所说的主体所分配到的价值主要是指经济价值。此外，信息主体的投入有主观投入和客观投入之分，由于信息主体对数字图书馆信息生态链除了有能够计量的金钱等经济投入外还有许多难以计量和估算的时间、精力等非经济投入，所以我们所说的数字图书馆信息生态链主体投入往往是指主观投入，即主体自己在心理上认为自己对数字图书馆信息生态链的运行和价值增值所做的贡献。

(3)主体价值获取能力直接影响新增价值分配方式和价值最终分配结果

数字图书馆信息生态链主体的价值获取能力是指链内主体主动获取链内共创价值来满足自身价值需求的能力，具体包括对经济价值分配的讨价还价能力和对非经济价值的主动获取能力。讨价还价是一种典型的谈判活动,① 是指利益相关者面临冲突时试图达成一致协议的一种博弈过程。② 数字图书馆信息生态链主体的价值获取能力直接影响新增价值分配方式和价值最终分配结果。

数字图书馆信息生态链的运行过程实质是一个信息主体之间价值共创的过程，其运行的最终目标是信息人之间通过一定方式合理分配共创价值来满足各信息主体自身的价值需求。但是需要注意的是，信息主体价值需求的满足并不是完全通过对链运行产生的总价值进行分配来实现的。数字图书馆信息生态链内信息主体的价值需求多种多样，既有经济价值也有素质、文化、形象等非经济价值。由于经济价值可以量化，通常可以依照链内所建立的具体价值分配机制来人为干预和调节，提高价值分配的合理性，因此，在经济价值的分配过程中，如果发生价值冲突，议价能力强的信息主体为了自身获取价值的公平，不仅会和链内管理组织机构沟通协调，努力促进价值分配方式的公平合理性，也会在价值分配和价值冲突调解过程中讨价还价、据理力争，为自己争取到尽可能多的价值，确保自己所得价值既公平合理又能尽量满足自己的价值需求，同时议价能力强的主体还能在链内其他信息主体间发生价值冲突时，起到监督和协调作用。而由于素质、形象、文化等非经济价值难以量化和建立具体价值分配机制来调节，所以这些价值往往需要链内信息主体在进行信息生产、传递及利用的过程中来主动获取。例如，在数字图书馆信息生态链中，信息生产者通过参与数字图书馆信息生态链内的信息流转活动，让自己的智力成果可以被广大信息用户所知所用，信息用户获取并利用这些信息提升自己的知识、能力，主动获取自己所需的素质价值，而信息生产者在信息用户心中的声望、形象和社会影响力也会得到提升，信息生产者也自动获得了自己的形象和文化价值；此外，数字图书馆中的业务人员为了适应数字图书馆

---

① 阿伯西内·穆素. 讨价还价理论及其应用[M]. 上海：上海财经大学出版社，2005：1-54.

② Osborn M J, Rubinstein A. Bargaining and Markets[M]. San Diego：Academic Press, 1990：1-2.

信息生态链运行的业务流程，需要学习各种新的信息存储、处理技术，来增强自己专业知识储备，提升自己的业务水平，主动获取自己所需的素质价值。可见，数字图书馆信息生态链内信息主体的价值获取能力越强，对整链价值分配方式公平合理性的促进作用以及对主体间价值冲突的调解作用也越大，也越能促进链内价值分配结果的公平合理。

(4)主体价值感知能力直接影响主体对价值分配结果的满意度

个人内外利益协调关系、利益平衡关系是否公平，一方面有赖于社会利益协调机制的完善，另一方面决定于个人的价值判断。[①] 顾客感知价值是顾客在感知到产品或服务的利益之后，减去其在获取产品或服务时所付出的成本，从而得出的对产品或服务效用的主观评价。[②] 顾客感知的公平是顾客在购买产品后感知的收益和成本相对于其他同档次品牌而言是否得到了公平待遇的一种相对感受。[③] 数字图书馆信息生态链主体的价值感知能力是指链内主体对价值的重视程度、敏感性强弱、洞察力大小以及对自己所得价值与投入成本之间的权衡能力。数字图书馆信息生态链主体的价值感知能力主要包括感知价值和感知付出两个层面：首先，价值感知能力不同的主体对同一种类和数量价值的主观感受是不相同的；其次，价值感知能力不同的主体对自己投入成本大小的主观感受也是不同的。

数字图书馆信息生态链主体的价值感知能力直接影响主体对价值分配公平度的感受和对自己所得价值的满意度。在数字图书馆信息生态链中，价值感知能力对主体价值分配公平度和所得价值满意度的影响具体体现在以下三方面：第一，价值感知能力越强的主体对价值的敏感性越高，对自己所得价值种类和数量的感受也越精确，从而对价值分配公平性的感知也更加客观公正；第二，价值感知能力越强的主体，就越容易发现并抓住各

① 黄谦. 网络文化影响大学生价值认同的理路[J]. 湖南科技大学学报(社会科学版)，2016，19(5)：171-176.

② 陆雄文. 管理学大辞典[M]. 上海：上海辞书出版社，2013.

③ Zeithaml Valarie A. Customer perception of price, quality and value: a means-end model and synthesis of evidence [J]. Journal of marketing, 1988(6): 2-22.

种机遇，获取自己所需的价值，自己的价值需求也就越容易得到满足；第三，价值感知能力越强的主体对自己所得价值与投入成本之间的权衡和评价也会更加全面理智，也越能理性地看待自己的得失，并对自己的心理进行合理适度的调解，在面对同一价值分配机制时对价值分配的满意度也会更高一些。

5.2.3　主体间竞合关系对价值需求结构和新增价值及其分配的影响

当两个主体在某些活动中竞争，而又在其他活动中相互合作时，就呈现出一种二元对立的矛盾关系，这种关系叫做竞争合作。[①] 本书中主体间的竞合关系仅指主体间的竞争关系和主体间的合作关系，不包括主体间的既竞争又合作。数字图书馆信息生态链信息主体间的竞合关系对价值需求结构及新增价值的影响具体体现在以下两个方面。

（1）主体间竞争关系直接影响链内主体的价值需求结构

数字图书馆信息生态链信息主体之间的竞争关系是指链内信息主体在一定环境条件下，为达到各自的既定目标，按照一定规则，采取相应手段进行角逐和较量的过程。数字图书馆信息生态链中同级节点间的竞争较多，上下级节点间的竞争相对较少，且主要围绕收益、市场、资源展开竞争。[②]

数字图书馆信息生态链中信息主体间的相互竞争会直接影响链内主体的价值种类和数量需求以及链内新增价值分配。由于数字图书馆具有的公益性质以及数字信息资源的可共享性，数字图书馆信息生态链内主体间的竞争主要是数据库提供商之间的资源、客户及收益竞争，因此下面也主要围绕数据库提供商间的竞争来做具体分析。数字图书馆信息生态链内数据

① 　Maria B, Oren K. "Coopetition" in Business Networks: To Cooperate and Compete Simultaneously[J]. Industrial Marketing Management, 2000, 29(5): 411-426.

② 　娄策群，桂晓苗，杨光 . 网络信息生态链运行机制研究：协同竞争机制[J]. 情报科学，2013，31(8)：3-9.

库商间存在一定的市场、客户竞争关系，尤其是数字信息资源重合度、同质性较高的数据库提供商间的竞争会更为激烈。为了争取足量的客户和市场来达到自己的既定价值目标，数据库提供商可能会采取加大宣传的方式，通过获得良好社会形象及社会声誉等方式来吸引更多的客户并稳定既有客户，在此过程中，其价值种类需求由经济价值为主转变为社会价值为主；数据库商也可能采取低价竞销的方式来争取更多的客户和市场，在此过程中数据库商的经济价值数量需求会变小。为了获得更优质的数字信息资源，数据库提供商可能会采取高价收购的竞争手段，通过压缩自己的收益来吸引购入更多的高质量数字信息资源，在此过程中，数据库提供商的经济价值数量需求会明显变小。需要说明的是，主体间的竞争关系对主体价值需求种类及结构的改变并不是长期的、永久性的改变，而是短期的、一定时间内的改变，且主体改变的最终目的还是为了达到自己既定的目标即获取自己想要的价值种类及数量。

(2)主体间合作关系会提高整链的价值增值水平和速度

数字图书馆信息生态链主体之间的合作关系是指链内主体之间从各自利益出发，以价值共创为基础，以资源共享和优势互补为前提，自愿形成的协作和互利关系。链内信息主体间的合作既包括上下级节点间的合作也包括同级节点之间的合作。数字图书馆信息生态链中信息主体之间的合作主要有联合收藏、业务外包、协调工作、资源交换及投资共建五种形式，合作目的主要是增强能力、增加收益、降低成本、减少风险。[1] 有研究发现，不断提高协作水平可以产生更高水平的绩效。[2]

数字图书馆信息生态链中信息主体间的相互合作会提高整链的价值增值水平和速度。首先，信息主体之间相互合作可以增强整链的价值创造能力，提升整条链的新增价值数量。数字图书馆信息生态链内单个信息主体

① 娄策群．信息生态系统理论及其应用研究[M]．北京：中国社会科学出版社，2014：51.

② Jr E T J, Ewalt J A G. Interorganizational coordination, administrative consolidation, and policy performance[J]. Public Administration Review, 1998, 58(5)：417-428.

的能力是有限的，在有些情况下如果只依靠单个主体的能力是很难完成大型信息活动的，需要主体之间相互配合。例如，高校数字图书馆里面的硕博学位论文全文特色资源数据库建设，需要校内硕士、博士等多个信息生产者共同努力，将自己创作的学位论文主动上传来共同建设。其次，信息主体之间的相互合作可以降低链内信息活动的成本。例如，高校数字图书馆之间的馆际互借、文献传递和联合目录检索等资源交换行为，能大大节约书籍采购费用，避免重复编目，降低人力投入和时间成本，提高数字信息资源建设的速度和质量，从而提高新增价值的数量；而图书馆联合起来集团采购数字信息资源比各图书馆单独采购成本要低。最后，信息主体之间的相互合作可以产生协同效应，增加收益。所谓协同效应就是多个要素共同产出大于单个要素产出之和。在数字图书馆信息生态链中，主体之间的合作主要是其所拥有的资源要素之间的合作，参与合作的各个信息主体之间可通过资源协同、流程协同和关系协同，[①] 来整合彼此拥有的资源，发现新的价值增长点，形成"1+1>2"的协同效应，[②] 即努力把"蛋糕"做大，然后对做大了的"蛋糕"进行再分配，以保证各信息主体能获得更大收益[③]。

5.3 链内组织管理对价值需求结构和新增价值及其分配的影响

链内组织管理是指链内组织管理机构或核心节点通过规章制度、经济手段等对链的结构和功能以及节点观念与行为进行调控，主要包括链内管理制度和链内管理机构两大要素。链内管理制度是链内主体行为的重要准则，链内管理机构则是制度执行和实施的有力保障。

① 张海涛，徐海玲，王丹，唐诗曼. 商务网络信息生态链价值：基本框架及其概念模型[J]. 情报理论与实践，2018，41(9)：12-17.
② 张连峰，张海涛，孙思阳，孙鸿飞. 商务网络信息生态链耗散结构分析与价值形成机理研究[J]. 图书情报工作，2016，60(24)：69-75.
③ 杨立岩. 合作与竞争的选择机制[J]. 山东社会科学，2001(1)：20-23.

5.3.1 链内管理制度对链内价值增值及价值分配的影响

链内管理制度是管理机构进行人员、设施等方面管理的参考和依据，如部门规章、读者服务制度、奖惩措施、约束制度等。数字图书馆信息生态链内的管理制度是链内主体间合作及价值分配的重要准则，为了保证链的稳定高效运行，链内主体间的相互合作及由此产生的价值及其分配均需严格遵循链内管理制度。

数字图书馆信息生态链内的管理制度对链内价值增值数量及价值分配方式均有显著影响。首先，数字图书馆信息生态链内合理的管理制度能够明晰链内主体的工作范围和责任权限，约束主体的价值创造行为及主体之间的竞合关系，避免链内主体在价值创造的过程中出现各自为政、资源浪费现象，提高其价值创造效率。如高校数字图书馆大部分均有《各部门工作职责及具体岗位职责》及《各部门工作制度》，以上规章制度对数字图书馆内各部门员工的职责和行为规范均做出明确规定，以此保障数字图书馆的有序高效运行，提升整链的价值创造效率。其次，链内良好的激励制度能调动节点价值创造的积极性和主动性，激发节点价值创造潜能，提升链内价值增值数量。如高校数字图书馆内部的员工晋升机制以及奖励制度，均将馆员的业务水平和学术成果纳入考核指标，以此来调动员工参与数字图书馆建设的积极性，鼓励其在工作中努力学习专业技能和知识，激励其在工作中不断钻研和创新，以此来提高自身的业务水平和工作效率，从而提升整链的价值增值水平。最后，数字图书馆信息生态链内的价值分配制度也直接影响价值分配的公平程度。新增价值的公平合理划分需要科学完善的管理制度的支撑。数字图书馆信息生态链内合理的价值分配制度必然是在全面考虑整链实际情况和链内主体价值需求的基础上制订的，因此其能为链内新增价值分配方式和分配方法的选择提供依据和准绳，促进价值分配更加人性化、合理化。

5.3.2 链内管理机构对主体价值需求结构和新增价值及其分配的影响

链内管理机构是指数字图书馆信息生态链内具有决策、执行、监督、协调、服务等职能的组织，它是制度执行和实施的有力保障。数字图书馆信息生态链内组织管理机构的功能良好度直接影响链内主体的价值需求结构和新增价值及其分配方式。首先，良好的组织管理机构能对数字图书馆信息生态链的新增价值类型和数量以及新增价值分配方式做出合理安排，并根据信息主体的价值需求结构变化对新增价值类型和数量以及新增价值分配方式进行及时调整，提升新增价值种类和数量的协调性以及价值需求结构和价值分配的合理性。其次，良好的组织管理机构能够及时调整信息主体不合理的价值需求结构，并对价值分配的过程和结果进行有效监管，及时调解链内信息主体的价值冲突，有效遏制链内价值分配矛盾的扩大与加深，保证各方信息主体的合理所得，确保价值分配的公平合理。再次，良好的链内组织管理机构能促进链内主体间的协调沟通，调动信息主体价值创造的积极性和主动性，激发其价值创造潜能，提升数字图书馆信息生态链的价值增值速度。最后，良好的链内组织管理机构可以对链内各种资源优化管理，避免因资源配置不合理而产生的成本，可以节约时间成本、降低人力成本，实现价值的增值。

5.4　网络环境因素对价值需求结构和新增价值及其分配的影响

网络信息生态环境是指直接影响网络信息生态主体信息活动的各种因素的总和，主要由网络信息本体环境、网络信息技术环境、网络信息制度环境组成。[①] 本书认为网络信息生态环境中的网络信息技术和网络信息制度两个环境因子对数字图书馆信息生态链内主体的价值需求结构、链内新增价值及其分配有较大影响，我们将这两个因子统称为网络环境因素。

---

① 娄策群，娄冬，李青维.网络信息生态环境中的信息本体环境优化研究[J].图书馆学研究，2016(22)：98-101.

5.4.1 网络信息技术对链价值增值的影响

网络信息技术环境是指在互联网上应用且对网络信息生态链运行和演化有直接影响的现代信息技术及其相应设备设施的总称,① 主要由网络信息基础设施、网络信息流转技术、网络信息安全技术构成。其中,网络信息基础设施是基础,网络信息流转技术是关键,网络信息安全技术是保障,三者是一个整体,共同发挥作用。

网络信息技术环境对数字图书馆信息生态链价值增值的数量和速度有较大影响。首先,数字图书馆是先进网络信息技术的产物,网络基础设施是数字图书馆信息生态链形成及高效运行的保障。无论是数字图书馆自身的数据库资源建设、索引系统的构建,还是与其他数字图书馆以及数字资源机构共同建设知识网络服务系统,都离不开信息技术的支撑。② 其次,网络基础设施的普及率越广、现代信息技术先进性越强,加入链中的信息主体数量也会越多,从而带动整链的信息生产力和信息消费力,提高链的运行功效,提升整链的价值增值数量。例如,无线网络、电脑、智能手机等信息设备的普及,以及各种数字图书馆 App、公众号的开发不仅让人们使用数字图书馆越来越快捷方便,也吸引了越来越多的信息主体加入数字图书馆信息生态链中,从而提升数字图书馆信息生态链的运行功效,提高数字图书馆信息生态链新增价值的数量。再次,运用先进的网络信息技术可以提高数字图书馆的服务效率,增强数字图书馆信息生态链的价值创造能力,提升整链的价值增值速度。例如,数字图书馆综合运用语义技术、聚类技术、数据挖掘技术、移动服务技术等先进技术来实现数字图书馆服务的集成创新,可大大提高数字图书馆的服务效率和信息用户的检索效率,从而提高整链的价值增值速度和水平。又例如,在高校数字图书馆信

---

① 娄策群,李青维,娄冬.网络信息生态链技术环境优化研究[J].情报理论与实践,2016,39(12):76-80,85.

② 周丽霞,赵建平.基于博弈分析的数字图书馆合作生存[J].情报科学,2016,34(3):34-36,47.

息生态链中，处于核心节点的高校数字图书馆在进行信息资源数字化建设的过程中会采用大数据技术，充分融合各高校的电子书目资源，创建联合目录检索系统，充分节约高校图书馆的人力和经费投入成本，提高高校数字图书馆新增价值的数量。最后，需要指出的是，网络信息技术是一把双刃利剑，一方面它可有效提升数字图书馆信息生态链的价值创造能力，另一方面它也为网络盗版侵权提供了捷径，容易侵犯信息生产者的利益，不利于实现数字图书馆信息生态链内各主体之间的价值平衡。例如，复制技术的发展客观上催生了大规模的盗版行为，诱发了大量侵权行为，① 著作权人的作品被恶意复制和使用，无限传播，侵犯了著作权人的利益，② 打破了利益相关主体之间的平衡。

5.4.2 网络信息制度对价值需求结构和新增价值及其分配的影响

制度是影响人类行为的一系列规则或规范，包括人们有意识建立起来并以正式方式加以确定的各种制度安排，也包括人们在长期的社会生活中逐步形成的对人们行为产生非正式约束的规则。威廉姆森将制度细化为非正式制度、正式规则、治理和常规经济活动 4 个层级。③ 科斯等认为，制度环境是一系列用来建立生产、交换与分配基础的政治、社会和法律基础规则。④ 我们认为，网络信息制度环境是指对网络信息生态主体的信息活动和信息行为起引导和规范作用的各种网络信息制度及其实施能力和机制

---

① 孙瑞英，马海群．基于博弈分析的网络信息资源版权保护[J]．情报科学，2013，31(11)：12-17.

② 杨沫．网络环境下数字作品的版权博弈策略研究[J]．情报科学，2015，33(5)：33-36.

③ Williamson O E. The New Institutional Economics：Taking Stock, Looking Ahead [J]. Journal of Economic Literature, 2000(3)：595-613.

④ [美]R. 科斯，等．财产权利与制度变迁——产权学派与新制度学派译文集[M]．上海：三联书店，1994：270.

的总和，主要包括网络信息政策、法规、标准和宏观管理制度等。①

网络信息制度环境对数字图书馆信息生态链主体的价值需求结构和新增价值的分配方式影响也很大。首先，数字图书馆相关的各种网络信息制度是政府部门或相关社会组织对数字图书馆信息生态链信息主体的行为规范要求，它在约束链内主体信息行为的同时，也保护着信息主体的合法权益，促进数字图书馆信息生态链中各方主体价值平衡。例如，《信息网络传播权保护条例》第七条规定："图书馆、档案馆、纪念馆、博物馆、美术馆等可以不经著作权人许可，通过信息网络向本馆馆舍内服务对象提供本馆收藏的合法出版的数字作品和依法为陈列或者保存版本的需要以数字化形式复制的作品，不向其支付报酬，但不得直接或者间接获得经济利益。"该条例在赋予图书馆合理网络信息传播权的同时，也约束其不得以合理使用为幌子直接或间接获取经济利益，保护了信息生产者和信息用户的经济价值。其次，数字图书馆相关的网络信息制度，虽然是政府从宏观层面对数字图书馆行业的监管和调控，但其所传递的思想也能引导信息主体树立正确的价值观，建立合理的价值需求结构，引导数字图书馆行业形成合理惯性。例如，《信息网络传播权保护条例》第六条规定，学校课堂教学或者科学研究，通过信息网络向少数教学、科研人员提供少量已经发表的作品，或者不以盈利为目的，通过信息网络以盲人能够感知的独特方式向盲人提供已经发表的文字作品，可以不经著作权人许可，不向其支付报酬。该项规定引导信息生产者和数字图书馆，在关注自身经济价值的同时应当适当考虑社会公众利益，注意其在社会公众心中的形象价值和社会影响，适时调节自身的价值需求结构，促进数字图书馆信息生态链内各主体之间的价值平衡。再次，数字图书馆相关的各种网络信息制度还可为数字图书馆信息生态链内组织管理和新增价值分配方式提供参考和依据。例如，国家版权局1999年年底发布了《制作数字化制品著作权使用费标准(试行)》，

---

① 娄策群，李青维，娄冬. 网络信息生态环境中的信息制度环境优化研究[J].
图书馆学研究，2016(23)：2-6.

该标准规定文字作品 3 元至 30 元每千字，数字化制品的版权在 5%~12%。中国知网就是依据这个标准向签约期刊社支付 11% 的版税，再由期刊按照版面和篇幅支付给作者。

5.5　价值需求结构、新增价值及其分配对价值平衡的影响

数字图书馆信息生态链的价值需求结构是指数字图书馆信息生态链内主体期望获得的不同种类价值的数量比例，简言之就是对价值种类和数量的需求。数字图书馆信息生态链的新增价值分配是指链内各信息主体对数字图书馆信息生态链创造出来的价值进行分解和分配。数字图书馆信息生态链价值平衡是指合理调节和化解数字图书馆信息生态链各主体自身及主体之间的价值冲突，保障价值分配的相对公平，使链内各主体合理的价值需求得到满足。价值需求结构、新增价值及其分配对价值平衡主要有以下几个方面的影响。

第一，链内主体的价值需求结构不合理时，数字图书馆信息生态链不可能达到价值平衡。一方面，链内主体价值需求结构不合理时，例如主体所需的价值种类是数字图书馆信息生态链无法产生的或者主体对价值数量的需求超出数字图书馆信息生态链所能生产的价值总量，其价值需求便不可能被满足。另一方面，链内主体价值需求不合理时，例如主体的价值需求大于其应得数量，即使其需求被满足了，必然会造成其他某些主体所得价值数量的减少，其价值分配也一定是不合理的。

第二，链内新增价值与主体需求不吻合时，链内主体的价值需求也得不到满足。例如，各主体的价值需求都比较合理，但是由于链内新增价值的数量受多方面因素的影响，所以其在某一时期生产出的价值数量可能低于其生产力水平，那么这时无论如何分配也不可能满足所有主体的合理价值需求，整链也不可能达到价值平衡。

第三，当链内新增价值分配不公平时，即使主体价值需求结构合理、

新增价值与主体需求吻合，但由于分配的不公平，链内各主体的合理价值需求不可能均得到满足，数字图书馆信息生态链也不可能达到价值平衡。例如，在数字图书馆信息生态链中，虽然信息生产者在链的信息流转过程中起着关键性作用，但不能因此而在价值分配过程中向其倾斜，忽略数字图书馆和信息用户对链运行投入的资源，使其没有得到分配或分配到较少的价值，这样虽然信息生产者的价值需求得到了满足，但数字图书馆和信息用户的价值需求却没得到满足，整链也不可能达到价值平衡。只有链内主体价值需求结构合理、新增价值与主体需求吻合，且链内新增价值分配公平时，链内各主体的合理价值需求均能得到满足，数字图书馆信息生态链才能达到价值平衡。

5.6　本章小结

本章对第四章数字图书馆信息生态链价值平衡影响因素理论模型中各影响因素的作用路径及影响因素间的关系做了较为全面、深入的分析，为下一章提出数字图书馆信息生态链价值平衡策略提供指导。

第6章　数字图书馆信息生态链价值平衡策略

通过前两章对数字图书馆信息生态链价值平衡影响因素及其作用机制的研究和分析，我们厘清了影响数字图书馆信息生态链价值平衡的主要影响因素及其影响路径和作用方式。在此基础上，本章针对性地从数字信息资源、链内信息主体、链内管理机制及网络信息环境四个层面提出了数字图书馆信息生态链价值平衡策略，以期为数字图书馆信息生态链上相关信息主体的信息行为提供实践指导的同时也能为相关管理部门进行数字图书馆信息生态链价值平衡管理提供理论参考。

6.1　数字信息资源层面数字图书馆信息生态链价值平衡策略

数字信息资源是数字图书馆信息生态链运行的物质基础，是联结信息主体和信息环境的纽带，① 更是数字图书馆信息生态链进行价值增值的"原材料"和能量保障。通过前文对数字图书馆信息生态链价值平衡影响因素及其作用机制的研究分析可知，数字图书馆信息生态链内的信息种类和数量通过影响链内价值增值水平，进而影响链的价值平衡状态。因此，可以通过加快数字图书馆信息生态链内数字信息资源建设和促进链内数字信息资源共建共享两个方面来促进数字图书馆信息生态链价值平衡。

---

① 薛卫双. 高校数字图书馆信息生态系统评价体系构建研究[D]. 曲阜师范大学，2012：39.

6.1.1 加快链内数字信息资源建设步伐

数字图书馆信息生态链中流转的数字信息主要有三大来源：一是数字图书馆自己开发和建设的数据库，二是外购的各类商业数据库，三是网络信息。加快数字图书馆信息生态链内数字信息资源建设步伐可从这三个方面着手。

（1）加大自有数据库建设

数字图书馆自有数据库建设对数字图书馆信息生态链价值增值和价值平衡有重要影响：一方面可以丰富链内数字信息资源种类和数量，增加链内数字信息用户，另一方面可以在一定程度上减少外购数据库的数量，降低数据库采购成本。因此，各数字图书馆应充分重视本馆特色资源数据库的建设，尽快建立自己的特色和专题数据库。

数字图书馆自建数据库一般分为两种，一种是馆藏书目数据库，另一种是特色资源数据库。建设书目数据库主要有自建、购买标准书目数据库和套录与自建相结合三种方式。[①] 虽然自建书目数据库有灵活操作方便的优点，但其同样存在著录格式不规范、不准确等问题。因此，数字图书馆在进行馆藏书目数据库建设时，为了便于信息用户查找书目信息，也为了能和其他馆之间实现文献传递等业务合作，最好采用统一标准的元数据对馆藏资源进行描述，[②] 以此提升数字图书馆的信息流转效率，进而提升整链的价值增值速度。此外，专业特色数据库建设也是推进数字图书馆信息资源建设的重要内容和推进学科建设的有力保障。[③] 每个图书馆均有自己的馆藏特色资源或地方特色资源，建设特色资源数据库，首先可以将馆内特色纸质资源(如古籍善本等)进行数字化处理，方便馆内数字信息用户查阅各类稀缺数字信息资源；其次，可以结合本单位行业或学科特点，主动

---

① 郑永田，全万．数字图书馆信息资源建设研究［J］．图书馆学刊，2005（4）：60-62.

② 周敬治．谈我国高校服务主导型数字图书馆建设［J］．中国图书馆学报，2004（5）：55-57.

③ 吴绮云．高校数字图书馆信息资源建设研究［J］．中国管理信息化，2018，21（4）：165-167.

向馆内读者征集其个人学术成果或作品，如学位论文、专著、发表的期刊论文等科研成果，以此建设成果数据库，这样不仅方便了链内用户的信息获取和利用，也能在一定程度上降低图书馆外购数据库的成本，提高链的价值增值水平；最后，图书馆还可以以用户潜在需求为导向，和当地档案馆、博物馆等单位联合建立地方文献数据库，走产业和市场化发展道路。

需要指出的是，在进行特色资源数据库建设时，由于数字图书馆经费和精力有限，应该有选择地对利用率高、用户需求密切的文献进行数字化，而不是盲目地对全部纸质文献都进行数字化处理，只有这样才能最大限度满足信息用户的数字信息需求。

(2)针对性采购商业数据库

鉴于数字图书馆自建数据库受经费、技术、人才等多种因素的限制，目前数字图书馆信息生态链内流转的信息绝大部分还是来源于外购数据库，因此外购数据库的选择对于加快数字图书馆数字资源建设步伐至关重要。近年来，随着数据库技术的不断成熟和高速发展，国内外数据库商提供的各类数据库信息资源也更加丰富多样，既包括数字期刊、数字图书也包括各类视频、音频等数字信息，内容范围更是涉及理、工、农、医等自然科学以及人文社会科学等各个领域。与此同时，由于版权购买、数据库建设维护等运营成本的增加，部分重要数据库定价也越来越高，尤其是国外的一些商业数据库，高昂的价格让数字图书的购买资金压力越来越大。目前，高校数字图书馆和公共数字图书馆作为两类主要的数字图书馆，其公益性质明显，主要由政府出资建设。面对有限的经费，数字图书馆应该根据各自的实际经费情况及其读者的实际信息需求，针对性地、有选择地试用和购买一些性价比高的数据库，尽量以最小的投入获得最大的效益，这样才能最大限度满足读者的需求，提高信息用户的满意度。比如，在采购数字资源时注重用户需求调查分析，[①] 也可以采取一定的鼓励和奖励措

---

① 肖希明，曾粤亮．数字阅读与图书馆信息资源建设[J]．数字图书馆论坛，2016(2)：2-8．

施让数字图书馆信息生态链内各信息主体积极参与到数据库荐购活动中来，力求选择出信息用户需求量大、信息质量好且价格相对适中的数据库，为数字图书馆进行商业数据库采购提供依据和参考。

（3）充分开发网络信息资源

自由开放式存取的互联网是一个巨大的信息资源宝库，里面含有海量质量不一、种类繁多、杂乱无序的数字信息。网络信息资源开发是数字图书馆丰富数字化馆藏的重要有效途径。浩瀚如海的网络信息资源中，虽然有很多垃圾信息，但同样有很多宝贵的思想结晶，数字图书馆应该重视对这部分资源的利用，将其纳入资源建设范围，以丰富馆藏，降低经费支出，提高信息资源的实效性。① 一方面，数字图书馆可以采用系统科学的信息搜集、筛选方法从海量网络信息中筛选出有价值的网络信息资源，然后对其进行组织序化形成较为标准和规范的信息后提供给信息用户。另一方面，数字图书馆可以关注一些专业学术网站和论坛，从中获取有用信息或为信息用户提供相关数字信息资源导航。随着知乎网和小木虫论坛等众多学术科研网站和论坛的开发和建立，许多学者及研究机构均选用这种途径来进行学术问题的探讨和学术成果、经验的交流，数字图书馆应充分利用这些开放存取网站上有用的信息资源，在符合合理使用规定的前提下将其纳入资源建设范围，在为数字信息用户提供方便的同时也可降低数字资源采购费用，提高数字图书馆信息生态链的信息利用效率及价值增值水平。

需要注意的是，由于很多网络信息资源作者及其来源都比较模糊，数字图书馆在开发网络信息资源时要特别注意著作权及版权保护问题，应当在合理使用范围内或获得作者授权后再对其进行开发利用。

6.1.2 促进链内数字信息资源共建共享

数字信息资源建设除了数据库建设，还包括数字信息资源的共建共

---

① 黎艳. 图书馆如何开发与利用开放存取资源[J]. 现代情报, 2010, 30(1): 66-69.

享，且数字信息资源共建共享是节约数字资源建设经费、提高数字资源建设效率、扩大数字资源建设规模的重要途径。促进数字图书馆信息生态链数字信息资源共建共享具体可以从以下三个方面展开。

（1）合理开展馆际互借

数字信息资源建设如数字图书馆各类数据库建设、高质量网络信息采集、先进网络硬件及软件建设等均需要大量资金支持，也必然会受到资金、技术、人才等的制约，① 数字图书馆由于经费有限无法采购信息用户所需的全部数字信息资源，这时就需要加强数字信息资源共享，提高资源保障能力。②

馆际互借是促进数字图书馆信息生态链内数字信息资源共享的重要方式之一。馆际互借可以使成员机构共享彼此信息资源，弥补单个机构信息资源在数量、种类上的限制，节约数字信息资源建设成本，使其更好地满足信息用户的需求。③ 虽然馆际互借是数字图书馆信息生态链进行资源共享的重要媒介，但由于经费短缺、人们意识不强等原因，目前馆际互借开展的范围并不广，开展的频率也不高。为了促进数字图书馆信息生态链的数字信息资源共享，可以从以下几个具体方面来促进馆际互借的发展：首先，可以加大宣传力度，提高数字图书馆信息生态链内各成员的馆际互借意识。馆际互借无法有效贯彻实施并发挥其应有的功效，在很大程度上是由于数字图书馆内部工作人员对馆际互借业务不熟悉，或者是由于信息用户没有使用馆际互借的意识。因此可以通过加强宣传来促进馆际互借业务的合理开展，具体做法有：图书馆对馆员进行定期馆际互借业务培训；④

---

① 胡守敏. 高校图书馆特色数据库建设研究与实现［D］. 华中师范大学，2012：28.

② 史乐乐. 价值共创视角下图书馆信息资源建设的用户满意度研究［D］. 山东大学，2017：54.

③ Rojas-Drummond S M, Albarrán C D, Littleton K S. Collaboration, creativity and the co-construction of oral and written texts［J］. Thinking Skills & Creativity, 2008, 3（3）：177-191.

④ 赵晓晔. BALIS"馆际互借"的实践与发展［J］. 图书馆建设，2009（9）：71-74.

图书馆定期开办讲座，向读者介绍馆际互借的流程及馆际互借的好处；采用适当的奖励措施激励馆员和信息用户对馆际互借提出意见建议，并积极采纳合理建议，提高大家对馆际互借认知度的同时也激发其参与馆际互借的积极性。其次，要精简馆际互借流程，适度降低馆际互借费用。许多数字信息用户虽然知道馆际互借，但由于繁冗复杂的馆际互借手续，而打消了自己使用馆际互借的积极性，且目前馆际互借费用一般比较高，往往超出了信息用户的承受能力，这个因素也会让部分读者放弃馆际互借业务。鉴于以上原因，数字图书馆应该适度改变传统馆际互借手续，精简工作程序，提高数字图书馆的服务效率，此外，随着我国馆际互借制度的不断完善，数字图书馆应积极探索和试行馆际互借补贴甚至是免费制度，减轻信息用户的经济压力，扩大馆际互借的受众范围。再次，由于联合目录数据库是各组织机构开展馆际互借的前提和基础，因此促进联合目录数据库的标准化、规范化以及规模化建设也是促进馆际互借的有力手段。各组织机构应该在建库之前就建立统一标准和规范，避免日后由于标准不统一造成资源贡献障碍。从次，为了促进馆际互借的合理开展，可以充分利用和发挥 CALIS（中国高等教育文献保障系统）在高校文献传递、资源共享方面的重要作用。可以让 CALIS 根据各高校图书馆实际购买能力，结合各类数字信息资源的引进成本，制定出合理的价格策略，① 从而扩大数字资源的覆盖面，吸引更多高校数字图书馆参与 CALIS，提高数字资源共享率和利用效率。最后，为了解决数字图书馆资源建设面临的资源垄断、资源讹诈②、各自为政、重复建设等困境，图书馆之间还可以通过构建区域性数字图书馆联盟来互通有无，实现馆际互借、资源共享，避免盲目和重复采购，促进数字图书馆信息生态链的均衡协调发展。

（2）联合共建数据库

① 强自力. 电子资源的价格模型及其对 CALIS 的启示[J]. 大学图书馆学报，2002（3）：43-45+91.
② 程焕文，黄梦琪. 在"纸张崇拜"与"数字拥戴"之间——高校图书馆信息资源建设的困境与出路[J]. 图书馆论坛，2015，35（4）：1-8.

　　数字图书馆资源建设仅靠数字图书馆单一的力量很难保证其质量和规模化、均衡发展，需要数字图书馆信息生态链内各信息主体之间，乃至各链之间相互协作，共同建设。[①] 合作建库不仅可以节约人力、物力、财力等数据库建设成本，也能有效提高数据库建设效率和数据库质量，[②] 更好满足用户高质量多层次的信息需求，从而使数字图书馆信息生态链获得更大的社会价值和经济价值。数字图书馆可以采用以下两种方式联合其他机构来共同建设数据库：一方面，数字图书馆可以与用户数字信息资源类型需求相似的不同地域和系统的相关机构联合建库，以此避免资金浪费和数据库的重复建设，提高信息资源共享程度，节约数字信息资源建设成本。例如，高校数字图书馆可以和与本校专业设置或学科发展目标相近其他高校数字图书馆联合建设或购买本校师生所需的数据库，而公共数字图书馆可以以用户潜在需求为导向，和当地档案馆、博物馆等单位联合建立地方文献数据库。另一方面，数字图书馆可以将其他组织机构或团体的资金、技术等优势与自己的信息资源、专业人才优势结合起来，进行优势互补，联合建设数字信息资源，实现共建共赢。例如，数字图书馆可以联合企事业单位、档案馆、情报部门、科研机构等，将其技术、财力优势与自身的丰富馆藏资源、专业标引人员相结合，[③] 共同进行数字资源建设，以此扩大数字图书馆数字信息资源规模，为数字图书馆信息生态链创造更多的价值。此外，为了解决数字图书馆建设经费紧张，政府负担过重的难题，数字图书馆可以尝试与网络运营商合作共建网络基础设施，在平等互利的前提下，邀请网络运营商投资建设数字图书馆的软硬件基础设施及网络光纤，在节约数字图书馆建设经费、促进网络运营商发展的同时，为数字图

　　① 胡海燕，李肖.特色数据库建设与资源共享[J].图书馆理论与实践，2005（2）：77-79.

　　② 张丹.图书馆合作建设数据库的优势与建议——以辽宁省图书馆《盛京时报》数据库建设为例[J].图书馆学刊，2013，35（2）：56-58.

　　③ 肖秀阳.试论高校数字图书馆信息资源建设[J].图书馆，2007（3）：61-63，73.

书馆进行数字资源内容建设奠定基础，加快数字资源开发步伐①。

值得强调的是，虽然合作建库有利于提高数字图书馆信息生态链的价值增值效率，但由于合作建库的各成员机构投入成本结构复杂，所以各成员机构的利益分配也变得比较复杂，成员机构获利公平与否也将对数字图书馆信息生态链价值平衡产生较大影响。

6.2 链内信息主体层面数字图书馆信息生态链价值平衡策略

由前面两章数字图书馆信息生态链价值平衡影响因素及其作用机制的分析可知，链内信息主体所处的信息生态位、信息主体的价值能力以及信息主体间的竞合关系均对数字图书馆信息生态链价值平衡有重要影响，因此，本书基于以上三方面影响因素，从链内信息主体层面提出了数字图书馆信息生态链价值平衡策略。

6.2.1 合理选择链内信息主体信息生态位

（1）找准链内信息主体合理信息生态位

数字图书馆信息生态链由信息生产者、信息传递者及信息消费者三类信息主体构成。其中，数字图书馆作为核心节点，既是信息生产者又是信息传递者和信息消费者，② 而很大一部分信息用户在不同阶段也可能是信息生产者。数字图书馆信息生态链中，各信息主体在链中的作用有区别，占据的资源和时空也有很大差别，链内各信息主体应该根据自己的实际情况找准适合自己的信息生态位，才能使链内信息主体分工明确，各司其职，促进数字图书馆信息生态链的稳定高效运行和价值平衡。合理定位要

---

① 马海群，严雯. 数字图书馆信息资源开发利用的社会价值与制约因素分析[J]. 图书与情报，2009(1)：50-54.

② 刘洵，伍茂戎，杨柳，黄杜鹃. 基于信息服务生态链的图书馆信息流转[J]. 大学图书情报学刊，2013，31(5)：9-11.

求数字图书馆信息生态链内各信息主体在考虑社会分工要求的基础上，全面衡量和客观评估自己的信息能力能否胜任链内各角色的职能需求，选择好适合自己的信息功能生态位，从而进一步明确与其信息功能生态位相匹配的信息资源和信息时空生态位，并不断完善自我、巩固已有生态位。例如，在数字图书馆信息生态链中，核心节点数字图书馆依据其自身性质和社会职能分工，确定其在链内的信息功能生态位是信息传递者，其职能是传递情报、开展教育，服务对象主要是高校师生、科研人员及社会大众，传递的主要是各类数据库中的数字信息资源，参与链内信息活动主要需要信息组织及流转技术。在准确定位自己的信息生态位后，数字图书馆还应立足自身优势，不断完善自我，丰富自己的数字化馆藏资源，提升自己的读者服务水平，形成突出的信息资源及信息服务优势来稳固自己的信息生态位。

（2）适时调整链内信息主体信息资源生态位

对于数字图书馆信息生态链价值平衡来说，链内各信息主体的生态位并不是越宽越好，也不是越窄越好，为了达到并维持数字图书馆信息生态链的价值平衡，链内各信息主体应在找准自己链内所处生态位后，随着不断变化的链内及链外信息环境，适时调整自己的生态位宽度。① 理想的生态位应是有助于信息主体在信息活动中不断利用外部环境获取自身所需资源的同时也能为其他信息主体的生存和发展提供有利条件，实现与其他信息主体的功能和资源互补。② 数字图书馆信息生态链内信息主体不能对自己所处生态位墨守成规，而是应该根据信息资源、自身能力、竞争环境等变化适时调整自己不合时宜的信息生态位，以免战略失误，错失良机。③ 数字图书馆信息生态链内主体对自己信息生态位的调整主要包括对信息资

---

① 陈文娟，娄策群. 信息生态位宽度的影响机理及调整策略［J］. 情报理论与实践，2011，34（6）：4-7.

② 张向先，霍明奎，孟楠. 商务网站信息生态位测度方法研究［J］. 图书情报工作，2012，56（16）：6-9.

③ 娄策群，周承聪. 信息服务机构信息生态位的优化策略［J］. 情报理论与实践，2011，34（6）：1-3，7.

源生态位宽度的扩展和压缩。

链内主体信息资源生态位的宽度是指信息主体在信息环境中占有信息、技术、人才等资源的种类和数量。[①] 在数字图书馆信息生态链中，信息主体之间存在一定的竞争关系，特别是数据库提供商这类有直接经济价值冲突的信息主体，对于他们来说所占据的信息资源越多其核心竞争力越强，也越容易从链内获得更多自己所需的经济价值。因此，为了在激烈的竞争环境中稳固自己的地位，数据库商应在能力范围内适当扩大自己占有的信息、技术、人才等资源要素，通过扩展信息资源生态位的宽度来形成更强的资源整合和竞争能力。而链内信息主体间适当的竞争也会在一定程度上促进链内主体的自我完善和优胜劣汰，加速数字图书馆信息生态链的运行效率，提高其价值增值速度。虽然，信息资源生态位的宽度对信息主体的竞争力有较大影响，但并不意味着信息主体的信息资源生态位越宽越好。如果信息主体占据了大范围的信息资源、信息技术和信息人才，却没形成自己的特色优势资源，那么面对竞争同样没有优势。在这种情况下，信息主体应该根据实际情况适当舍弃一些资源投入，压缩自己信息资源生态位宽度，将主要精力和投资放在某一独特竞争优势的培育上，这样将会更有利于信息主体自身的发展以及数字图书馆信息生态链整链的价值平衡。

（3）促进链内信息主体信息功能生态位合理分化

信息功能生态位反映的是信息主体在信息环境中的角色定位和职权定位。[②] 信息功能生态位的分化是指将信息主体所承担的链内信息流转职能分解并将其部分职能转移给其他信息主体，[③] 避免信息主体间的信息生态位过分重叠或远离。数字图书馆信息生态链内信息主体功能生态位的合理

---

① 娄策群. 信息生态位理论探讨[J]. 图书情报知识，2006(5)：23-27.

② 娄策群. 信息生态系统理论及其应用研究[M]. 北京：中国社会科学出版社，2014：72.

③ 娄策群，江彦，韩艳芳. 网络信息生态链形成的主要标志与发育过程[J]. 情报理论与实践，2015，38(6)：1-5.

分化不仅能促进链内信息资源的合理利用也能在一定程度上避免信息主体间的恶性竞争，促进数字图书馆信息生态链价值平衡的实现。在数字图书馆信息生态链中，核心节点数字图书馆作为最重要的信息传递者，不仅担负着数字信息资源传递的职能还肩负着馆藏资源数字化、自建数据库等工作任务，面对繁重的工作任务和粗糙的工作划分，数字图书馆内部工作人员希望做到面面俱到，但结果可能是哪一方面都没做好。在这种情况下，数字图书馆可以将部分数字化编目及建设数据库工作外包给其他公司，让其帮忙承担部分职能。如此，一方面可以借助外包公司的技术及人力资源优势，提高数字图书馆传递的数字信息资源质量，满足信息用户多样化的信息需求；另一方面由于工作细分，数字图书馆可以更加专注于提升自己的读者服务业务水平，提高信息用户对数字图书馆的满意度。此外，数字图书馆选择合适的数据库提供商外购数据库实则也是对其功能生态位的合理分化。由部分数据库商担任数字图书馆信息生态链内辅助信息传递者，不仅使链内分工更加细化、信息资源流转效率更高，也能保持链内信息主体间的良好竞争合作关系，促进数字图书馆信息生态链价值平衡的实现。

6.2.2　提升链内信息主体的能力和素质

数字图书馆信息生态链内信息的价值增值与链内信息主体行为密切相关，人是实施信息行为的主体，因此信息的价值增值直接与信息主体的素质能力有关。[①] 由数字图书馆信息生态链价值平衡影响因素分析可知，链的价值增值水平直接影响整链的价值平衡，因此可以通过增强链内信息主体价值平衡意识和提升链内信息主体价值创造能力两方面来提升信息主体素质，促进数字图书馆信息生态链的价值平衡。

（1）增强链内信息主体的价值平衡意识

意识是影响信息主体信息行为的根本因素，对数字图书馆信息生态链内信息主体能力和素质的提升首先应从主体的价值平衡意识的加强开始。

---

① 闫奕文. 企业信息生态系统的构建与运行机制研究［D］. 吉林大学，2010.

数字图书馆信息生态链内各信息主体所得价值很难达到绝对平衡，事实上由于部分投入要素和价值回报是难以计量的，所以链内信息主体间达到价值的绝对平衡也是不现实的。在数字图书馆信息生态链中总有一部分信息主体"吃小亏"，例如，数字图书馆信息生态链中的核心节点数字图书馆由于自身的职责所在以及自己拥有的信息资源优势，在参与链内信息流转活动时投入的资金和人力等成本也会多一些，但是其收到的价值回报可能并不多。这时，如果数字图书馆只计较个人得失、没有促进整链价值平衡的意识，就很容易造成链内主体间的价值冲突，进而影响数字图书馆信息生态链的稳定性及整链的价值增值水平。因此，要想促进数字图书馆信息生态链的价值平衡，首先要增强链内信息主体的价值共创和价值平衡意识，让链内信息主体充分认识到，整链的价值平衡是整链高效运行和链内主体所得价值最大化的重要保障，链内各信息主体应该从链的整体利益出发，打破个人利益界限，加强主体间的合作互利，树立和谐共生的整体观和统筹兼顾的价值观，营造一种团结协作、价值共享的链内文化氛围，以此促进链内信息主体之间良好的合作关系，提升整链的凝聚力和价值创造能力，促进数字图书馆信息生态链的协调运行与和谐发展。

（2）提升链内信息主体的价值创造能力

由第五章数字图书馆信息生态链价值平衡影响因素作用机制分析可知，信息主体的价值能力（主要包括价值创造能力、价值投入能力、价值获取及价值感知能力），尤其是价值创造能力对链的价值增值和价值平衡影响巨大。且由于信息主体的价值投入、价值获取及价值感知能力在很大程度上受个人经济条件、自身性格等因素的影响，其个人可调控性并不强，所以可以从提升链内信息主体的价值创造能力来促进链的价值平衡。

数字图书馆信息生态链主体的价值创造能力主要是指链内主体通过参与链内信息流转活动来创造和生产价值的能力，例如信息主体的综合素质、专业技能水平、服务意识和创新能力等。可以从提高信息主体的信息技能和增强信息主体的信息意识两方面来提升链内信息主体的价值创造能力。首先，可以采用线下讲座培训和线上网络教学视频等方式来提高数字图书馆信息生态链内信息主体的信息技能。由于数字图书馆本来就担负着馆内工作人员及读者的信息素养提升任务，所以提升链内信息主体的信息技能可以围绕数字图书馆的培训讲座来展开。数字图书馆应该充分利用各类线下讲座或网络学习等方式，针对馆内工作人员积极开展信息管理理念、信息处理及分析技能、信息系统操作等方面的培训，① 或为其创造或提供外出进修的机会，加强其信息资源管理及信息服务能力；针对数字信息用户则可以开展数据库使用技能、信息检索技巧等方面的培训，提高信息用户的信息获取和处理能力。同时，还可以采用"主题信息检索大赛""数字图书馆使用知识竞答"以及工作绩效考核等手段来激励链内信息主体不断提升自己的信息技能。其次，可以通过信息伦理、信息道德、信息法规、信息生态等方面的培训来增强信息主体的信息意识，信息意识的增强能促使信息主体的信息行为向着有利于数字图书馆信息生态链价值平衡的方向发展。最后，可以通过普及信息技术教育，使链内信息主体运用计算机、网络通讯等技术提高自身的信息素养，提升其价值创造能力。

6.2.3　完善链内信息主体间的竞合机制

（1）鼓励链内信息主体间适当竞争

竞争促进信息生态系统内部的新陈代谢和优胜劣汰，提高信息生态要素的质量，促进信息生态系统的进程。② 数字图书馆信息生态链中，各信息主体之间保持适当的竞争关系，能够促使链内信息主体规范自己信息行为的同时不断完善自己，提高自己的核心竞争力，进而提升整链的运行效率和价值增值水平。数字图书馆信息生态链内，竞争主要发生在数据库提供商和数字图书馆这两类主体之间。首先，数字图书馆可以采用公开竞标和数据库试用等措施来鼓励数据库商之间进行适当合理的竞争。公开竞标会使数据库商在同行竞争的压力下，努力提升自己数据库信息资源的质量

---

① 黄诚，陈岚 . 网络治理环境下地方政府信息能力建设[J]. 南通职业大学学报，2015，29(3)：28-31.

② 靖继鹏 . 信息生态理论研究发展前瞻[J]. 图书情报工作，2009，53(4)：5-7.

并且合理制定数据库的售价，如此不仅能促进数据库企业自身的良性发展也能让数字图书馆采购到更具性价比的数据库。而数据库试用也是给各个数据库商一个平等竞争的机会。由于数字图书馆主要是以用户使用率来决定数据库采购的，所以数据库试用能让数据库商在进行数字资源建设时重视信息用户的多层次信息需求及数据库使用的便捷性，从而进一步提高数据库的质量及信息用户的满意度。其次，数据库提供商可以采用适当提价的方法对数字图书馆施加一定的竞争压力。数字图书馆的建设经费大都是由政府拨款，额度有限。如果数据库商适当提高自己的数据库售价，那么数字图书馆将会面临经费预算不足的困境，这时数字图书馆可能不得不考虑自建一部分数据库来缓解数字信息资源购买压力，比如自建本校硕博论文数据库及内部成果库，如此便能激发数字图书馆的价值创造能力，避免其因为自己处于体制内而不思进取、固步自封。

(2)加强链内信息主体间协同合作

数字图书馆信息生态链内信息主体间协同合作有很多好处：降低成本，提高收益；集中资源，创造规模效益；劣势互补，各取所需；促进链内信息主体形成价值共同体，共享价值。可见，链内信息主体间协同合作不仅可以提高数字图书馆信息生态链价值增值效率，同时也可有效促进链内信息主体间的价值平衡。加强链内信息主体间协同合作，首先，要增强链内信息主体间的协作意识。可以采取一定的宣传和教育手段，让链内信息主体充分意识到数字图书馆信息生态链内信息主体是一个相互联系、密不可分的价值共同体，且链内主体间的协同合作能为自身带来1+1>2的协同效应。其次，要适度扩大链内信息主体间合作的广度和深度。数字图书馆信息生态链内信息主体间合作范围越广，合作深度越深，一般来说合作创造的总价值也越高，链内各合作成员能够分得的价值也越多。但是，并非主体间合作广度和深度越大对数字图书馆信息生态链价值平衡的促进作用也越大，因为随着信息主体间合作程度的加强，链内各主体的投入要素结构也越来越复杂，如此便给链内价值分配带来一定难度，链内各信息主体间价值平衡协调难度也会加大，因此，应该适度扩大链内信息主体间的合作广度和深度。最后，要促进链内信息主体间建立长期稳定合作关系。数字图书馆信息生态链内信息主体间建立长期良好的合作关系，一方面可以节约寻找新的合作伙伴及进行合作谈判的时间，降低合作成本；另一方面链内信息主体能在长期稳定合作关系中增强彼此的信任，建立起深厚的友谊，促进链内信息活动的顺利高效开展，让链内信息主体获得更多价值。

6.3 链内管理机制层面数字图书馆信息生态链价值平衡策略

6.3.1 健全链内管理体系

管理体系是指建立管理目标和管理方针并达成这些目标的一组相互作用和联系的要素。[①] 数字图书馆信息生态链内管理体系主要包括链内管理机构和链内管理制度，其中链内管理制度是链内信息主体间协同合作及价值分配的重要准则，链内组织机构是制度执行和实施的有力保障。由前文对数字图书馆信息生态链价值平衡影响因素分析可知，链内良好的组织管理是促进数字图书馆信息生态链价值平衡的重要措施，因此，建立健全链内管理体系对促进链的价值平衡意义重大。建立健全链内管理体系应由相关政府部门牵头，联合中国图书馆学会以及链内各信息主体共同参与。首先，应在数字图书馆信息生态链内部合理设置具有决策、执行、监督和协调等职能的组织或机构，比如数字图书馆建设协调委员会，以便对数字图书馆信息生态链进行统一领导和管理。数字图书馆信息生态链涉及知识产权、数据库、网络通信、文化等多个领域，但目前却由于缺乏统一机构管理而导致链内信息主体遇到价值冲突或矛盾时不知该找谁来调解，严重阻

---

① 梁晓尊．浅谈企业信息化管理体系的构建及策划技术[J]．科技风，2015(5)：271.

碍链内价值平衡的实现。其次，应当补充完善数字图书馆信息生态链内相关管理制度，如制定统一的数字图书馆行业标准、链内主体行为规范、链内主体间合作规则、链内信息资源利用政策、链内主体奖惩措施等，使链内各信息主体明确自己的职责权限以及参与数字信息活动的行为规范，促进链的有序高效运行及价值平衡的实现。

6.3.2 加强链内价值管理

价值管理是指以价值评估为基础，以价值增长为目的的一种综合管理模式，[①] 而数字图书馆信息生态链的价值增值水平和速度直接影响链的价值平衡，因此很有必要加强链内价值管理。数字图书馆信息生态链的价值管理主要包括价值创造、价值评估及价值分配三个方面。由于本章提出的很多数字图书馆信息生态链价值平衡策略均与链的价值创造和价值增值有关，此处便不再赘述。在此仅从科学评估链内价值增值水平和制定链内合理价值分配方案两方面来提出加强链内价值管理的具体措施。

（1）科学开展链的价值评估

数字图书馆信息生态链价值评估是指根据数字图书馆信息生态链拥有的资源及其运行状况，结合数字图书馆信息生态链的相关影响因素及其所处环境，采用多层次多角度的评估方法，对整链及链内信息主体的价值创造能力、价值创造量进行综合评估。[②]

价值评估不仅是数字图书馆信息生态链价值创造的基础，也是其进行合理价值分配的前提和依据。科学进行数字图书馆信息生态链的价值评估，首先，应当在全面、深入了解数字图书馆信息生态链内各信息主体及整链的真实状况后，对整链及链内各信息主体的价值能力进行客观的评估，以便及时发现价值增长点并制订相应的价值创造计划，为链进行价值增值、主体进行价值创造指明目标和方向。其次，在常用经济评价方法的

① 陈艳. 价值管理理论发展：回顾与展望[J]. 财会通讯(综合版)，2007(3)：78-81.

② 杨小溪. 网络信息生态链价值管理研究[D]. 华中师范大学，2012：69.

基础上，综合运用模糊综合评价法、层次分析法等价值评估和分析方法，对数字图书馆信息生态链整链价值增值数量及链内各信息主体对链的贡献、创造的价值量大小进行科学评估，为数字图书馆信息生态链发展方向的调整和确定提供决策支持，同时也为链内价值的合理分配提供参考和依据。

（2）合理制定链内价值分配方案

数字图书馆信息生态链内各信息主体参与链内信息活动的根本动力来源于自身价值、效益最大化的追求，[①] 要调动信息主体价值创造的主动性和积极性，必须要保证链内价值分配机制合理。价值管理中，与数字图书馆信息生态链价值评估相对应的是实现链内主体间的价值共享和合理分配，因此必须要制定合理的价值分配方案来规定链内的价值分配原则和价值冲突调解方法。具体可从以下几个方面展开：首先，由于数字图书馆信息生态链价值平衡的最终目的是提高整链的运行效率，因此在制定数字图书馆信息生态链价值分配方案时，应该将链内各信息主体当作一个价值共同体，在保证信息主体间价值分配公平的同时必须兼顾整链结构的稳定性与运行效率的提高，在价值分配时应全盘考虑整链的运行状况而不是只考虑或关注某些信息主体，当价值分配公平与链运行效率出现矛盾时应做到效率优先；其次，在制定链内价值分配方案时要遵循平等互利原则以及价值回报与投入、风险相对应原则，客观全面了解各信息主体的实际参与情况，合理选用价值分配方式和方法；最后要制定较全面和恰当的价值冲突调解方案，以便能及时应对链内突发的各类价值冲突，例如，面对数字图书馆信息生态链中数字图书馆有限经费和数据库商的高昂数据库定价之间的矛盾，可以采用政府规划、税收财政补贴等方式来调节两者之间的价值分配、调解两者之间的价值冲突。

---

① 肖钠. 基于信息生态链主体的图书馆供应链优化研究［J］. 图书馆理论与实践，2018(10)：60-65，103.

6.4 网络信息环境层面数字图书馆信息生态链价值平衡策略

网络信息技术环境和网络信息制度环境是数字图书馆信息生态链价值平衡的重要影响因子，优化数字图书馆相关的网络信息技术和制度对促进数字图书馆信息生态链价值平衡有重要作用。

6.4.1 优化链的网络信息技术环境

网络信息生态链信息技术环境是指在互联网上应用且对网络信息生态链运行和演化有直接影响的现代信息技术及其相应设备设施的总称。[①] 数字图书馆是先进网络信息技术的产物，网络基础设施是数字图书馆信息生态链形成及高效运行的保障。网络基础设施的普及率越广、现代信息技术先进性越强，越能带动数字图书馆信息生态链的信息生产力和信息消费力，提高链的运行功效。可以从加强相关网络信息基础设施建设和促进现代信息技术的革新与应用两个方面来提升数字图书馆信息生态链的价值增值速度，促进数字图书馆信息生态链价值平衡。

（1）加强网络基础设施的建设和维护

网络信息基础设施是指基于计算机技术和现代通信技术，为网络信息流转提供支撑的物理网络和信息平台，它是数字图书馆信息生态链形成及高效运行的保障。加强数字图书馆信息生态链内网络信息基础设施的建设和维护，有利于提高数字图书馆信息生态链的信息流转效率及其价值增值速度。数字图书馆信息生态链内的网络基础设施主要是有线网络设施、无线网络设施以及计算机、移动终端等数字信息设备，链内信息主体对网络基础设施的要求主要是网络提速以及计算机等平台设备的更新。首先，为

---

① 娄策群，李青维，娄冬. 网络信息生态链技术环境优化研究[J]. 情报理论与实践，2016，39(12)：76-80.

了促进网络提速升级，政府应大力支持光纤城市工程建设，持续提升骨干传输网络的容量，还应充分利用新一代移动通信、光纤、广播电视网等技术来全面提升带宽和网速，而核心节点数字图书馆也应在经费预算内优先选择和网络稳定、网速更快的网络运营商合作。其次，图书馆应当适时引进一些具有更强功能的先进数字信息设备，例如触摸屏书目检索机、一体计算机等，及时淘汰老化、落伍的设备，这样一方面能提高数字图书馆工作人员的工作效率，另一方面也能提升信息用户的使用体验，吸引更多的信息用户加入数字图书馆信息生态链。最后，图书馆应当加强网络设施及平台设备的日常检修和维护工作，及时发现问题、排除故障，保证数字图书馆信息生态链的顺畅运转。

（2）促进现代信息技术的革新与应用

先进的现代信息技术主要包括网络信息流转技术和网络信息安全技术，它是数字图书馆信息生态链的关键生产力，对数字图书馆信息生态链价值增值发挥着强劲的推动作用，对协调链内信息主体间的价值关系有着重要意义，因此必须积极推进现代信息技术的革新与应用。首先，为了促进数字图书馆信息生态链相关信息技术的革新，一方面政府应从政策上对信息技术研发机构给予大力支持，另一方面数字图书馆信息链内有信息技术研发能力的相关主体（如数据库提供商和数字图书馆）也可以根据自己的实际需求研发自己适用的现代信息技术。其次，应鼓励数字图书馆信息生态链内的主体不断引入和利用先进的现代信息技术，扩大现代信息技术在数字图书馆信息生态链信息流转过程中的应用。最后，相关政府部门、技术研发机构以及数字图书馆信息生态链内关键节点应联合起来，采用宣传、教育、培训等各种手段来普及信息技术教育，加深链内信息主体对新技术的掌握和应用程度，使其通过先进的现代信息技术提高自身的信息流转效率，进而提升整链的价值增值速度。

6.4.2　完善链的网络信息制度环境

网络信息制度环境是指对网络信息生态主体的信息活动和信息行为起

引导和规范作用的各种网络信息制度及其实施能力和机制的总和，主要包括网络信息政策、法规、标准和宏观管理制度等①。网络信息制度环境对数字图书馆信息生态链主体的价值需求结构和新增价值的分配方式有很大影响。但是从目前来看，我国数字图书馆信息生态链相关的网络信息制度并不完善，立法滞后、法制不全、执行力不强等问题突出。针对以上问题，主要可以从以下两个方面来改善。

（1）建立健全相关政策法规

目前，我国还没有针对数字图书馆的专门法律规范，与数字图书馆相关的法律法规也比较少。即便是对数字图书馆影响较大的《著作权法》和《网络信息传播权保护条例》这两项法规里专门针对数字图书馆的内容也非常少，且还有一些条例规定界限模糊不明。数字图书馆相关法律法规的缺失会导致数字图书馆信息生态链内各信息主体的基本权益无法得到很好保障，这会严重影响数字图书馆信息生态链的价值平衡，因此相关政府部门应重视并加快数字图书馆专门法律法规的立法。例如，可以制定数字图书馆数字资源建设法律条例来对数字图书馆的数字信息资源建设行为进行统一规范管理，明确其合法行为规范（如对部分作品的合理使用范围）及违法行为后果，这样既可以为数字图书馆进行数字馆藏建设提供指导和依据，也很好地保护了信息生产者的合法权益。除了完善数字图书馆相关的法律法规，政府还应从政策上大力扶持数字图书馆行业的发展。政策的目的性要比法律强，对数字图书馆信息生态链内主体的信息行为的引导作用也非常直接。良好的政策不仅能促进数字图书馆行业的快速发展，也能很好地调节链内信息主体间的价值关系，有利于数字图书馆信息生态链价值平衡的实现。例如，政府可以制定数据库建设奖励政策，鼓励数字图书馆信息生态链内信息主体积极参与数字图书馆的数据库建设，这样既能有效降低数字图书馆的建设成本也能为链内其他信息主体带来一定收益，还可以有效化解链内

---

① 娄策群，李青维，娄冬. 网络信息生态环境中的信息制度环境优化研究[J]. 图书馆学研究，2016（23）：2-6.

信息主体间的价值冲突，促进数字图书馆信息生态链价值平衡。

（2）强化链内主体的制度意识

制度意识是指以具有公共约束力的法律、规范来处理个人、社会和国家事务的社会思想、观念和价值。[①] 意识是行为的先导，正确的意识以其说服力和劝导力提高人们的思想认识，引导人们的社会行为。数字图书馆信息生态链内主体如果缺乏制度意识，那么即使网络信息制度完善也难以得到有效实施。在数字图书馆信息生态链中，相关政府部门和链内核心节点数字图书馆可以采用召开制度研讨会、举办制度竞赛、开办制度讲座和培训班等形式对数字图书馆信息生态链相关的网络信息制度（如著作权制度、网络信息传播权制度等）进行解读和普及，向链内信息主体宣传相关网络信息制度的重要性。通过多种形式的宣传和教育，让数字图书馆信息生态链信息主体充分认识到数字图书馆信息生态链相关的网络信息制度建设与实施对数字图书馆信息生态链高效运行和发展的作用，增强链内信息主体的制度执行力，规范链内信息主体的信息行为，促进数字图书馆信息生态链的有序高效运行及价值平衡的实现。

6.5　本章小结

本章在前两章数字图书馆信息生态链价值平衡影响因素及其作用机制分析的基础上，针对性地从数字信息资源、链内信息主体、链内管理机制及网络信息环境四个层面提出了数字图书馆信息生态链价值平衡策略，具体包括：加快链内数字信息资源建设步伐，促进链内数字信息资源共建共享，合理选择链内信息主体信息生态位，提升链内信息主体的能力和素质，完善链内信息主体间的竞合机制，健全链内管理体系，加强链内价值管理，优化链的网络信息技术环境，完善链的网络信息制度环境。

---

① 沈跃龙. 马克思主义视角下制度反腐中的制度意识研究［D］. 安徽大学，2013：7.

第7章 总结与展望

7.1 研究总结

数字图书馆是我国社会文化建设的基础保障设施，是增强民族文化自信的重要推动力量。数字图书馆信息生态链价值失衡会严重影响数字图书馆信息生态链的稳定、高效运行，阻碍我国社会主义精神文明建设步伐。因此，数字图书馆信息生态链价值平衡是一个值得深入探索的研究课题。本书从数字图书馆信息生态链价值平衡概念入手，对数字图书馆信息生态链价值平衡的标志、价值平衡影响因素及其作用机制进行了较为全面的研究，并在此基础上提出数字图书馆信息生态链价值平衡策略。

本书的主要研究内容及结论如下。

（1）数字图书馆信息生态链价值平衡的基础理论

在已有研究的基础上，对数字图书馆信息生态链的概念进行了界定，并对其特性、构成要素及主要类型进行了归纳分析，在此基础上探究了数字图书馆信息生态链价值的内涵，归纳并总结出数字图书馆信息生态链价值的类型、链内信息主体及整条链的价值需求。

数字图书馆信息生态链是指在数字图书馆信息生态系统中，以数字图书馆为核心，信息生产者、数字图书馆以及信息用户之间信息流转的链式依存关系。核心节点固定、结构组成简单是数字图书馆信息生态链的特性。数字图书馆信息生态链的构成要素主要包括参与数字图书馆信息活动的各类信息主体、数字信息资源和数字信息环境。数字图书馆信息生态链，按照数字图书馆建设主体不同来划分主要有高校数字图书馆信息生态链、公共数字图书馆信息生态链以及科研机构数字图书馆信息生态链；按照信息流转方式可分为单链型数字图书馆信息生态链和联盟型数字图书馆信息生态链；按照信息用户登录数字图书馆方式不同可分为本地访问数字图书馆信息生态链和远程访问数字图书馆信息生态链；按照数字信息接收终端设备类型的不同可分为传统 PC 数字图书馆信息生态链和移动数字图书馆信息生态链。

数字图书馆信息生态链价值是指数字图书馆信息生态链中的各信息主体在参与数字图书馆信息活动，满足社会经济、政治、文化等需要的过程中，为自身带来的经济收益和素质、形象等非经济收益。按照表现形式，数字图书馆信息生态链的价值主要分为物质价值和精神价值两大类，其中物质价值包括经济价值和资源价值，精神价值包含素质价值和社会价值。数字图书馆信息生态链中，信息生产者对价值种类的需求主要是经济价值和社会价值；公益性质的信息传递者的核心价值需求是社会价值，营利性质的信息传递者的核心价值需求是经济价值；信息消费者的核心价值需求是素质价值。数字图书馆信息生态链整链的价值需求主要有物质价值和精神价值两个方面，价值需求的实现依赖于链内各信息主体价值需求的实现。

（2）数字图书馆信息生态链价值平衡的内涵、属性以及标志

在数字图书馆信息生态链及其价值等相关研究的基础上，本书对数字图书馆信息生态链价值平衡的内涵和属性进行了探讨，并采用多轮专家调研的方法确定了数字图书馆信息生态链价值平衡的标志，最后对数字图书馆信息生态链价值平衡的标志及其属性进行了具体分析。

数字图书馆信息生态链的价值平衡是指合理调节和化解数字图书馆信息生态链内各信息主体自身及主体之间的价值冲突，保障价值分配的相对公平，使链内各主体合理的价值需求得到满足。数字图书馆信息生态链价值平衡主要有相对性、动态性、复杂性和可外控型四大属性。数字图书馆信息生态链价值平衡标志主要包括链内主体价值需求结构合理、链内新增

价值分配公平、链内主体价值需求得到满足三方面。其中链内主体价值需求结构合理具体包括主体对价值种类及数量的需求与新增价值吻合、主体对价值种类的需求与主体地位匹配、主体对价值数量的需求与主体投入相符；链内新增价值分配公平具体包括主体的要素投入与其价值回报相符、主体所承担的风险与其价值回报相对应；链内主体价值需求得到满足具体包括主体获得的价值种类及数量与价值需求一致、主体获得某类价值较少但所获价值总量较多。

(3)数字图书馆信息生态链价值平衡影响因素及其作用机制

在数字图书馆信息生态链价值平衡标志研究的基础上，采用扎根理论构建了数字图书馆信息生态链价值平衡影响因素初始模型，并采用专家调查法对初始模型进行修正和完善，得出数字图书馆信息生态链价值平衡影响因素理论模型。

链的性质与任务、链内信息主体因素、链内组织管理、网络环境因素、主体价值需求结构、新增价值及其分配是数字图书馆信息生态链价值平衡的六大影响因素，具体包括链的社会职能、链内流转信息类型及数量、链内主体所处生态位、链内主体的价值能力、链内主体间竞合关系、链内管理机构、链内管理制度、网络信息制度、网络信息技术、价值需求种类、价值需求数量、需求种类比例、新增价值种类、新增价值数量、新增价值分配15个影响因子。链的性质与任务、链内信息主体因素、链内组织管理、网络环境因素通过影响主体价值需求结构、新增价值及其分配从而间接影响链的价值平衡，主体价值需求结构、新增价值及其分配共同作用，直接影响链的价值平衡。

(4)数字图书馆信息生态链价值平衡策略

本书结合数字图书馆信息生态链价值平衡影响因素及其作用机制的研究，有针对性地从数字信息资源、链内信息主体、链内管理机制及网络信息环境四个层面提出数字图书馆信息生态链价值平衡策略。

数字图书馆信息生态链价值平衡策略具体包括：加快链内数字信息资源建设步伐，促进链内数字信息资源共建共享，合理选择链内信息主体信息生态位，提升链内信息主体的能力和素质，完善链内信息主体间的竞合机制，健全链内管理体系，加强链内价值管理，优化链的网络信息技术环境，完善链的网络信息制度环境。

7.2　研究展望

数字图书馆信息生态链内信息主体之间的价值关系及其各自本身的价值需求都比较复杂，对数字图书馆信息生态链价值平衡的研究也是一个复杂的系统工程。虽然本书对数字图书馆信息生态链的价值平衡概念、价值平衡标志、价值平衡影响因素及其作用机制，以及价值平衡策略进行了较为细致的探讨，并取得了一定的阶段性研究成果，但由于笔者自身水平和研究时间有限，本书还存在诸多不足。在今后的研究中，笔者将从以下几个方面进行完善和深化。

（1）数字图书馆信息生态链价值平衡测度指标体系研究

本书采用多轮专家调查法得出了数字图书馆信息生态链价值平衡标志，虽然能对数字图书馆信息生态链的价值平衡状态进行大致判断，但该标志只是比较笼统的定性分析，不能准确测评数字图书馆信息生态链价值平衡或失衡程度。在后续研究中，我们将在本书提出的价值平衡标志基础上，建立更加细化和直观的数字图书馆信息生态链价值平衡测度指标体系，为数字图书馆信息生态链价值平衡状态的测度提供更加可靠的依据。

（2）数字图书馆信息生态链价值平衡影响因素模型验证

本书采取扎根理论方法探索性得出了数字图书馆信息生态链价值平衡影响因素初始理论模型，并采用专家调查法对初始模型进行了修正和完善，这在一定程度上增强了模型的可靠性。但以上两种方法都是定性研究，模型的信度和效度还未经过大样本统计检验。在后续研究中，我们将采用结构方程模型这一定量方法，扩大调研范围和样本数量，对本书构建的数字图书馆信息生态链价值平衡影响因素模型中变量之间的确切关系进行验证。

（3）某一特定数字图书馆信息生态链价值平衡实证研究

本书按照发现问题、分析问题、解决问题的研究思路对数字图书馆信息生态链价值平衡标志、影响因素及作用机理、平衡策略进行了理论层面的研究和分析，而本研究的最终目的是为了将理论应用于实践，对数字图书馆信息生态链的高效运行和健康发展起到很好的实际指导作用。因此，在下一步研究中，我们将选取一条特定的数字图书馆信息生态链进行实证分析，依据本书研究结论对该链的价值平衡状态、价值平衡影响因素等方面分别展开具体分析，在探究该链价值平衡真实状态并提出详实价值平衡策略的同时，也能为其他数字图书馆信息生态链的价值平衡提供有价值的指导意见。

参 考 文 献

[1]夏立新. 数字图书馆导论[M]. 北京：科学出版社，2009.

[2]肖燕. 网络环境下的著作权与数字图书馆[M]. 北京：书目文献出版社，2002.

[3]王小会. 数字图书馆与版权保护[M]. 北京：国家图书馆出版社，2008.

[4]吉宇宽. 图书馆合理分享著作权利益诉求研究[M]. 北京：中国社会科学出版社，2015.

[5]黄宗忠. 图书馆学导论[M]. 武汉：武汉大学出版社，1988.

[6]吴慰慈. 图书馆学概论(修订二版)[M]. 北京：北京图书馆出版社，2008.

[7]马海群. 面向数字图书馆的著作权制度创新[M]. 北京：知识产权出版社，2011.

[8]娄策群. 信息生态系统理论及其应用研究[M]. 北京：中国社会科学出版社，2014.

[9]张洋. 网络信息资源开发与利用[M]. 北京：科学出版社，2010.

[10]柳新元. 利益冲突与制度变迁[M]. 武汉：武汉大学出版社，2002.

[11]陈向明. 质的研究方法与社会科学研究[M]. 北京：教育科学出版社，2000.

[12]文军，蒋逸民. 质性研究概论[M]. 北京：北京大学出版社，2010.

[13]王新利. 人文社会科学研究方法与技巧[M]. 北京：高等教育出版社，2018.

[14]阿伯西内·穆素. 讨价还价理论及其应用[M]. 上海：上海财经大学

出版社，2005.

[15]张超.高校图书馆信息生态系统优化研究[D].吉林大学，2013.

[16]薛鹏.高校图书馆信息生态系统评价研究[D].山东大学，2013.

[17]陈文娟.湖北图书馆信息生态系统平衡研究[D].华中师范大学，2012.

[18]薛卫双.高校数字图书馆信息生态系统评价体系构建研究[D].曲阜师范大学，2012.

[19]魏傲希.基于系统动力学分析的数字图书馆信息生态链运行机制研究[D].吉林大学，2015.

[20]吴若溪.图书馆微信平台信息生态链形成机理与优化策略研究[D].黑龙江大学，2016.

[21]韩朝.图书馆微博信息生态链形成机理与优化策略[D].吉林大学，2014.

[22]许波.基于适度保护原则的数字图书馆版权保护对策研究[D].黑龙江大学，2007.

[23]周丽霞.数字图书馆版权获取研究[D].吉林大学，2011.

[24]杨小溪.网络信息生态链价值管理研究[D].华中师范大学，2012.

[25]高鹏.信息内容服务产业链利益协调研究[D].华中师范大学，2015.

[26]牛巍.网络环境下信息共享与著作权保护的利益平衡机制研究[D].中国科学技术大学，2013.

[27]闫晶.数字图书馆资源聚合质量评价及优化策略研究[D].吉林大学，2018.

[28]胡守敏.高校图书馆特色数据库建设研究与实现[D].华中师范大学，2012.

[29]史乐乐.价值共创视角下图书馆信息资源建设的用户满意度研究[D].山东大学，2017.

[30]李题印.商务网络信息生态链价值流动机理及评价研究[D].吉林大学，2019.

[31] 中国新闻出版研究院全国国民阅读调查课题组，魏玉山，徐升国. 第十五次全国国民阅读调查主要发现[J]. 出版发行研究，2018(5)：5-8.

[32] 郭海明，刘桂珍. 数字图书馆信息生态分析[J]. 图书馆理论与实践，2007(1)：12-13.

[33] 邓以惠，黄付艳. 图书馆信息生态失衡及对策研究[J]. 现代情报，2009，29(12)：17-20.

[34] 吕莉媛. 智慧社会驱动的图书馆信息生态框架体系重构[J]. 情报科学，2020，38(4)：44-50.

[35] 董永梅. 图书馆联盟信息生态系统构建研究[J]. 图书馆工作与研究，2011(9)：43-45.

[36] 张勇，徐恺英，王猛. 基于知识服务的信息生态系统运行机理研究[J]. 学习与探索，2011(4)：183-185.

[37] 王猛，徐恺英. 基于知识服务的图书馆信息生态系统构建[J]. 图书馆学研究，2011(17)：43-47.

[38] 孟静，唐研，徐淑良. 农业图书馆信息生态系统模型构建研究[J]. 农业图书情报学刊，2018，30(12)：65-69.

[39] 赵生辉，胡莹. 多语言数字图书馆信息生态链的结构、类型及启示[J]. 图书馆理论与实践，2020(3)：73-78.

[40] 王晓文，王淼. 基于信息生态失衡的高校图书馆危机及其管理策略研究[J]. 黑龙江史志，2011(3)：47-49.

[41] 刘洵. 数字图书馆信息生态系统平衡调控机制研究[J]. 内蒙古科技与经济，2013(20)：158-160.

[42] 王瑶，金明生. 数字图书馆信息生态系统耗散结构的有序性研究[J]. 情报理论与实践，2012，35(5)：33-35.

[43] 徐子冰. 数字赋能孪生图书馆生态系统研究[J]. 大学图书情报学刊，2022，40(3)：3-7.

[44] 黄友均. 高校图书馆信息生态系统平衡实证研究[J]. 科技资讯，

2018，16(31)：216-217.

[45]凌宇飞，周柳丽. 浅析信息生态视角下的数字图书馆评价[J]. 兰台世界，2014(17)：123-124.

[46]李彦，胡漠，王艳东. 公共数字图书馆信息生态化程度测评研究[J]. 情报科学，2015，33(2)：35-40.

[47]程彩虹，陈燕方，毕达宇. 数字图书馆信息生态链结构要素及结构模型[J]. 情报科学，2013，31(8)：15-18，22.

[48]赵生辉，胡莹. 多语言数字图书馆信息生态链的结构、类型及启示[J]. 图书馆理论与实践，2020(3)：73-78.

[49]刘洵，伍茂戎，杨柳，黄杜鹃. 基于信息服务生态链的图书馆信息流转[J]. 大学图书情报学刊，2013，31(5)：9-11.

[50]高玉萍. 数字图书馆信息生态链的构建与优化研究[J]. 河南图书馆学刊，2015，35(9)：109-111.

[51]王宁. 图书馆微服务信息生态链动力机制及优化策略研究[J]. 情报杂志，2015，34(9)：202-207，196.

[52]李颖，孔泳欣. 基于信息生态链的数字图书馆知识服务能力模型构建与解析研究[J]. 图书馆学研究，2021(9)：70-76.

[53]沈丹. 公共数字文化信息生态系统下图书馆建设的优化[J]. 数字技术与应用，2022，40(6)：96-98.

[54]卢居辉，孙瑞英. 图书馆微信平台信息生态链模型构建研究[J]. 农业图书情报学刊，2016，28(10)：15-20.

[55]刁歆. 图书馆微博信息生态链的形成机理及优化策略探析[J]. 兰台世界，2015(26)：134-135.

[56]马燕. 图书馆微博信息生态链结构模型构建研究[J]. 兰台世界，2015(32)：23-25.

[57]曹红玲. 图书馆微博信息生态链结构模型构建研究[J]. 山西档案，2015(5)：59-61.

[58]赵振营. 图书馆微博信息生态链机制构成与改善措施分析研究[J]. 兰

台世界，2015(17)：79-80.

[59]康蠡，曾荣. 我国信息生态系统研究现状与展望[J]. 图书情报工作，2020，64(4)：113-124.

[60]肖钠. 降低图书馆牛鞭效应的信息生态链管理模式研究[J]. 图书馆论坛，2013，33(2)：50-54，58.

[61]杨瑶. 高校图书馆图书信息服务生态链结构及功效研究[J]. 图书馆建设，2014(10)：38-42，47.

[62]张宇光，黄永跃，林宏伟. 基于信息生态链的高校图书馆定量评价研究[J]. 现代情报，2012，32(4)：121-123.

[63]许统，谢黎. 基于信息生态链的新信息技术整合研究——以高校图书馆参考咨询服务为例[J]. 图书馆学研究，2013(15)：89-94.

[64]刘洵，常青，赵凯慧，龚玉容. 基于高校图书馆信息生态位的竞争力分析[J]. 农业网络信息，2013(2)：80-83.

[65]王滢. 图书馆信息生态位的优化管理[J]. 图书馆学研究，2012(17)：15-17，14.

[66]武庆圆. 浅析我国公共图书馆信息生态位理论及定位标准[J]. 情报杂志，2011，30(2)：184-188.

[67]赵玉冬. 信息生态位视角下数字图书馆的优化与发展[J]. 图书馆工作与研究，2013(2)：9-12.

[68]郭金丽. 基于生态位理论的公共图书馆信息服务定位探析[J]. 河北科技图苑，2015，28(3)：52-54.

[69]相丽玲，史杰. 信息空间图书馆生态位的测度与分析[J]. 情报理论与实践，2010，33(6)：11-14.

[70]徐梅娟. 基于"印象评价"调查的三大类型图书馆信息生态位比较研究[J]. 情报科学，2015，33(4)：82-86.

[71]任宁宁. 我国公益性数字图书馆版权利益冲突的现状及其对策研究[J]. 情报资料工作，2010，31(2)：102-108.

[72]章怡. 音乐数字图书馆数字版权保护研究[J]. 图书馆工作与研究，

2022(9)：77-82.

[73]于永丽. 数字出版机构与数字图书馆合作路径探讨[J]. 科技风，2020
(2)：205-206.

[74]张佩欣. 数字图书馆著作权保护利益冲突与平衡问题分析[J]. 中文科
技期刊数据库(全文版)社会科学，2023(3)：193-196.

[75]刘云，刘东苏，任志纯. 数字水印技术在数字图书馆版权保护中的应
用[J]. 情报杂志，2002(9)：29-30.

[76]刘可静，杨小溪. XrML 在数字图书馆版权保护与利益平衡中的运用
探析[J]. 情报理论与实践，2006(2)：179-181.

[77]卜亚男. 混沌加密技术与数字图书馆版权保护[J]. 农业图书情报学
刊，2008(7)：52-54.

[78]李振东. 区块链技术：图书馆数字版权管理的新工具[J]. 图书馆工作
与研究，2020(6)：76-80.

[79]林良金. 基于区块链技术的高校数字图书馆数字版权交易保障策略研
究[J]. 图书馆工作与研究，2021(10)：38-43，51.

[80]楼靖华. 文献信息资源共建共享的利益平衡机制研究[J]. 图书馆杂志，
2006，25(5)：20-23.

[81]马海群，严雯. 数字图书馆信息资源开发利用的社会价值与制约因素
分析[J]. 图书与情报，2009(1)：50-54.

[82]付丽霞. 利益平衡视角下数字时代图书馆使用作品版权例外制度的价
值考量[J]. 黄河科技学院学报，2021，23(10)：51-55.

[83]高鹏，娄策群. 信息内容服务产业链利益协调的原则与途径[J]. 情报
科学，2015(10)：11-15.

[84]罗滦. 数字档案信息资源公共获取与知识产权保护利益协调机制研究
[J]. 北京档案，2010(6)：16-18.

[85]王知津. 数字图书馆及其相关概念[J]. 图书馆学研究，1999(4)：
42-45.

[86]赵伟. 数字图书馆研究的历史和现状[J]. 情报科学，1999，17(2)：

193-195.

[87]邓均华. 数字图书馆与数字化分类法[J]. 中国图书馆学报, 2001(4)：
76-77.

[88]王军, 杨冬青, 唐世渭. 数字图书馆的研究内容和方向[J]. 中国图书
馆学报, 2001, 27(6)：33-38.

[89]李燕芳, 徐斌. 略论我国数字信息生产制度改进的思路：一个基于社
会信息成本的分析[J]. 现代情报, 2007(3)：90-92.

[90]李北伟, 徐越, 单既民, 魏昌龙, 张鑫琦, 富金鑫. 网络信息生态链
评价研究——以淘宝网与腾讯拍拍为例[J]. 情报理论与实践, 2013,
36(9)：38-42, 47.

[91]栾春玉, 霍明奎, 卢才. 网络信息生态链组成要素及相互关系[J]. 情
报科学, 2014, 32(11)：30-35.

[92]江向东. 数字图书馆实体信息资源建设的版权问题分析[J]. 中国图书
馆学报, 2004(5)：58-61.

[93]王瑶, 金明生. 基于信息生态系统的数字图书馆运行机制优化及动态
平衡控制[J]. 情报杂志, 2012, 31(2)：153-156.

[94]冷晓彦, 马捷. 网络信息生态环境评价与优化研究[J]. 情报理论与实
践, 2011, 34(5)：10-14.

[95]娄策群, 娄冬, 李青维. 网络信息生态环境中的信息本体环境优化研
究[J]. 图书馆学研究, 2016(22)：98-100, 封三.

[96]侯晓靖. 价值链分析法在数字图书馆管理中的应用[J]. 现代情报,
2005(5)：91-93.

[97]王跃虎. 图书馆的分类及发展趋势研究[J]. 图书情报知识, 2012
(2)：34-45.

[98]苏玲, 娄策群, 莫富传. 信息生态环境能力体系研究[J]. 情报科学,
2020, 38(4)：17-22.

[99]娄策群, 曾丽, 庞靓. 网络信息生态链演进过程研究[J]. 情报理论与
实践, 2015, 38(6)：10-13.

［100］娄策群,李青维，娄冬. 网络信息生态环境中的信息制度环境优化研究［J］. 图书馆学研究，2016（23）：2-6.

［101］娄策群，余杰，聂瑛. 网络信息生态链结构优化方略［J］. 图书情报工作，2015，59（22）：6-11.

［102］段尧清，余琪，余秋文. 网络信息生态链的表现形式、结构模型及其功能［J］. 情报科学，2013，31（5）：8-11.

［103］吴建华，王朝晖. 数字图书馆评价层次分析［J］. 情报科学，2009，27（8）：1207-1213，1218.

［104］王素芳，刘启元，张力等. 数字图书馆在线评价系统的设计与实现［J］. 大学图书馆学报，2011，29（6）：19-25.

［105］周敬治. 谈我国高校服务主导型数字图书馆建设［J］. 中国图书馆学报，2004（5）：55-57.

［106］王启云. 高校数字图书馆建设评估指标体系研究［J］. 大学图书馆学报，2008（5）：74-81.

［107］黄雪梅. 大数据时代下高校数字图书馆数据传播效果研究［J］. 兰台世界，2015（32）：129-131.

［108］杨岭雪. 公共数字图书馆：数字内容的制度安排［J］. 国家图书馆学刊，2013，22（3）：24-29，35.

［109］贾畅. 新常态背景下公共数字图书馆特色资源建设的发展对策研究［J］. 农业图书情报学刊，2017，29（1）：25-27.

［110］赵玉冬，魏先越. 高校图书馆个性化信息服务的实践与思考［J］. 大学图书情报学刊，2009，27（1）：80-83.

［111］董宏伟，李斌，翁云剑. 科研机构数字资源服务系统的界面与功能设计研究［J］. 图书情报工作，2016，60（S1）：184-187.

［112］王杰. 我国数字图书馆联盟研究进展综述［J］. 农业图书情报学刊，2008（4）：63-65，95.

［113］焦阳，刘泉凤. 图书馆数字资源远程访问系统比较研究［J］. 情报探索，2017（8）：75-82.

［114］段姬. 图书馆数字资源远程访问方法研究［J］. 情报探索，2014（6）：62-65.

［115］刘海鸥，陈晶，孙晶晶，张亚明. 面向大数据的移动数字图书馆情境化推荐系统研究［J］. 图书馆工作与研究，2018（9）：58-64.

［116］柳益君，何胜，冯新翎，武群辉，熊太纯. 大数据挖掘在高校图书馆个性化服务中应用研究［J］. 图书馆工作与研究，2017（5）：23-29.

［117］张海涛，徐海玲，王丹，唐诗曼. 商务网络信息生态链价值：基本框架及其概念模型［J］. 情报理论与实践，2018，41（9）：12-17.

［118］王丹，张海涛，徐海玲，崔阳. 基于自组织理论的商务网络信息生态链价值模型演化研究［J］. 情报理论与实践，2018，41（9）：18-24.

［119］许孝君，赵子英，王露. 全域旅游网络信息生态链价值概念初探［J］. 财富生活，2019（20）：81-82.

［120］张海涛，李题印，徐海玲，孙鸿飞. 商务网络信息生态链价值流动的 GERT 网络模型研究［J］. 情报理论与实践，2019，42（9）：35-40，51.

［121］张海涛，任亮，刘雅姝，魏明珠. 商务网络信息生态链价值协同创造的关键影响因素识别研究［J］. 现代情报，2019，39（6）：16-23，58.

［122］刘雅姝，张海涛，任亮，李题印. 商务网络信息生态链价值协同创造的演化博弈研究［J］. 情报学报，2019，38（9）：932-942.

［123］孙鸿飞，张海涛，宋拓，张连峰. 商务网络信息生态链自组织演化机理与价值协同创造研究［J］. 图书情报工作，2016，60（17）：12-19.

［124］张连峰，张海涛，孙思阳，孙鸿飞. 商务网络信息生态链耗散结构分析与价值形成机理研究［J］. 图书情报工作，2016，60（24）：69-75.

［125］娄策群，杨小溪，曾丽. 网络信息生态链运行机制研究：价值增值机制［J］. 情报科学，2013，31（9）：3-9.

[126]娄策群，庞靓，叶磊. 网络信息生态链链间互利合作研究[J]. 情报科学，2016，34(10)：43-48，60.

[127]张苗苗，毕达宇，娄策群. 警务情报共享中共生利益形成机制及优化对策研究[J]. 图书情报工作，2016，60(14)：135-141.

[128]高鹏，毕达宇，娄策群. 信息内容服务产业链利益冲突与利益平衡[J]. 情报杂志，2014，33(2)：144-148，127.

[129]文庭孝，陈能华. 信息资源共享及其社会协调机制研究[J]. 中国图书馆学报，2007(3)：78-81.

[130]吕雪冰. 基于用户需求的数字图书馆价值的实现[J]. 图书馆学刊，2013，35(4)：104-105.

[131]刘月学. 图书馆信息服务生态链的价值增值研究[J]. 图书馆研究，2017，47(3)：12-18.

[132]陈伟斌，张文德. 基于利益平衡的网络信息资源著作权补偿原理研究[J]. 图书馆学研究，2013(19)：92-96，101.

[133]吴化碧. 数字时代版权保护与信息资源共享的冲突与协调[J]. 云南师范大学学报(哲学社会科学版)，2006(6)：27-33.

[134]张苗苗，毕达宇. 价值共创视角下公安情报共享利益冲突研究[J]. 情报杂志，2018，37(9)：32-37.

[135]杨翠兰. 基于风险和贡献的知识链成员间收益分配研究[J]. 图书情报工作，2010(14)：88-91.

[136]付立宏. 基于知识管理的图书馆运行动力机制[J]. 中国图书馆学报，2005(6)：25-28，68.

[137]郭海明. 数字环境下图书馆信息服务的动力机制研究[J]. 情报杂志，2008(10)：141-143，150.

[138]王文韬，张帅，李晶，谢阳群. 大学生健康信息回避行为的驱动因素探析及理论模型建构[J]. 图书情报工作，2018，62(3)：5-11.

[139]刘鲁川，蒋晓阳. 社区公共服务综合信息平台居民使用行为研究[J]. 中国图书馆学报，2015，41(6)：61-72.

［140］樊长军，张馨，连宇江，侯荣理，康美娟，赵军亮，朱媛. 基于德尔菲法的高校图书馆公共服务能力指标体系构建［J］. 情报杂志，2011，30（3）：97-100，169.

［141］肖丽平，娄策群，雷兵. 基于信息生态理论的县域电商共生利益关系研究［J］. 知识管理论坛，2020，5（1）：2-9.

［142］陈冬. 公共图书馆数字时代社会职能的演变［J］. 兰台世界，2011（12）：75-76.

［143］赵达雄. 图书馆四大职能的传承与创新［J］. 图书馆理论与实践，2000（1）：13-16.

［144］谢人强，叶福兰. 数字图书馆网站信息服务生态性评价及实证研究［J］. 图书馆工作与研究，2018（7）：74-80.

［145］冉从敬，宋凯，何梦婷，赵倩蓉. 知识产权生态链下的高校知识产权信息服务平台构建［J］. 图书馆论坛，2020，40（3）：63-72.

［146］张海涛，孙思阳，任亮，李泽中. 基于竞合关系的商务网络信息生态链演化博弈研究［J］. 情报理论与实践，2018（10）：60-65.

［147］娄策群，桂晓苗，杨光. 网络信息生态链运行机制研究：协同竞争机制［J］. 情报科学，2013，31（8）：3-9.

［148］周丽霞，赵建平. 基于博弈分析的数字图书馆合作生存［J］. 情报科学，2016，34（3）：34-36，47.

［149］孙瑞英，马海群. 基于博弈分析的网络信息资源版权保护［J］. 情报科学，2013，31（11）：12-17.

［150］杨沫. 网络环境下数字作品的版权博弈策略研究［J］. 情报科学，2015，33（5）：33-36.

［151］张海涛，李泽中，刘嫣，李题印. 基于组合赋权灰色关联 TOPSIS 的商务网络信息生态链价值流动综合评价研究［J］. 情报科学，2019，37（12）：150-158.

［152］吴绮云. 高校数字图书馆信息资源建设研究［J］. 中国管理信息化，2018，21（4）：165-167.

［153］肖希明，曾粤亮. 数字阅读与图书馆信息资源建设［J］. 数字图书馆
论坛，2016(2)：2-8.

［154］黎艳. 图书馆如何开发与利用开放存取资源［J］. 现代情报，2010，
30(1)：66-69.

［155］赵晓晔. BALIS"馆际互借"的实践与发展［J］. 图书馆建设，2009
(9)：71-74.

［156］强自力. 电子资源的价格模型及其对 CALIS 的启示［J］. 大学图书馆
学报，2002(3)：43-45，91.

［157］程焕文，黄梦琪. 在"纸张崇拜"与"数字拥戴"之间——高校图书馆
信息资源建设的困境与出路［J］. 图书馆论坛，2015，35(4)：1-8.

［158］胡海燕，李肖. 特色数据库建设与资源共享［J］. 图书馆理论与实践，
2005(2)：77-79.

［159］张丹. 图书馆合作建设数据库的优势与建议——以辽宁省图书馆《盛
京时报》数据库建设为例［J］. 图书馆学刊，2013，35(2)：56-58.

［160］肖秀阳. 试论高校数字图书馆信息资源建设［J］. 图书馆，2007(3)：
61-63，73.

［161］陈文娟，娄策群. 信息生态位宽度的影响机理及调整策略［J］. 情报
理论与实践，2011，34(6)：4-7.

［162］张向先，霍明奎，孟楠. 商务网站信息生态位测度方法研究［J］. 图
书情报工作，2012，56(16)：6-9.

［163］娄策群，周承聪. 信息服务机构信息生态位的优化策略［J］. 情报理
论与实践，2011，34(6)：1-3，7.

［164］李颖，孔泳欣. 基于信息生态链的数字图书馆知识服务能力模型构
建与解析研究［J］. 图书馆学研究，2021(9)：70-76.

［165］肖钠. 基于信息生态链主体的图书馆供应链优化研究［J］. 图书馆理
论与实践，2018(10)：60-65，103.

［166］Huberman B A. The Laws of the Web：Pattern in the Ecology of
Information［M］.Cambridge：The MIT Press,2003.

［167］Bishop A, Van House N, Buttenfield B, et al.Digital Library Use: Social Practice in Design and Evaluation［M］. Cambridge: The MIT Press,2003.

［168］Erdman J M. Library Web Ecology: What you Need to Know as Web Design Coordinator［M］. Oxford: Chandos Publishing, 2009.

［169］Dan M. Libraries of the Future［M］. Canbridge: M.I.T. Press, 1965.

［170］Lesk M. Practical Digital Libraries: Books, Bytes, and Bucks［M］. San Francisco: Morgan Kaufmann Publishers, 1997.

［171］Neuman W L. Social Research Methods: Qualitativeand Quantitative Approaches［M］. Boston: Allyn and Bacon, 1997.

［172］Glaser B G, Strauss A L. The Discovery of Grounded Theory: Strategies for Qualitative Research［M］. New Jersey: Transaction Publisher, 2009.

［173］Strauss A. Qualitative Analysis for Social Scientists［M］. Cambridge: Cambridge University Press, 1987.

［174］Charmaz K. Constructing Grounded Theory: a Practical Guide through Qualitative Analysis［M］. California: Pine Forge Press, 2006.

［175］Bazeley P. Qualitative Data Analysis with NVivo［M］. London: SAGE publications, 2007.

［176］Osborn M J, Rubinstein A. Bargaining and Markets［M］. San Diego: Academic Press, 1990.

［177］Potdar V, Wu C.A Digital Ecosystem Platform for Social Networking and Collaboration［C］// 2007 Inaugural IEEE International Conference on Digital Ecosystems and Technologies.IEEE, 2007:605.

［178］Shim S, Lee B.Evolution of Portals and Stability of Information Ecology on the Web［C］//Proceedings of the 8th International Conference on Electronic Commerce: The New e-commerce: Innovations for Conquering Current Barriers, Obstacles and Limitations to Conducting Successful Business on the Internet.ACM,2006:584-588.

［179］Detlor B.Utilizing Web Information Systems for Organizational Knowledge

Work: An Investigation of the Information Ecology and Information Behaviors of Users in a Telecommunications Company [J]. School of Graduate Studies-Theses,1999,171(5-6):302.

[180]Jordán F, Scheuring I. Network Ecology: Topological Constraints on Ecosystem Dynamics[J].Physics of Life Reviews, 2004,1(3):139-172.

[181]Treré E. Social Movements as Information Ecologies: Exploring the Coevolution of Multiple Internet Technologies for Activism[J].International Journal of Communication, 2012,6(5):2359-2377.

[182]Hannabuss S. The Laws of the Web: Patterns in the Ecology of Information [J].Library Review, 2005,54(7):440-442.

[183]Nam Y, Lee Y O, Han W P. Can Web Ecology Provide a Clearer Understanding of People's Information Behavior during Election Campaigns? [J].Social Science Information, 2013,52(52): 91-109.

[184]Sloane A, O'Reilly S.The Emergence of Supply Network Ecosystems: a Social Network Analysis Perspective[J].Production Planning & Control, 2013,24(7):621-639.

[185]García-Marco F.Libraries in the Digital Ecology: Reflections and Trends [J].The electronic library,2011,29(1):105-120.

[186]Showers B.Data-driven Library Infrastructure: towards a New Information Ecology[J].Insights, 2012,25(2):150-154.

[187]Olson K K. Preserving the Copyright Balance: Statutory and Constitutional Preemption of Contract-Based Claims[J]. Communication Law & Policy, 2006, 11(1):83-132.

[188]Schovsbo J. Integrating Consumer Rights into Copyright Law: From a European Perspective[J]. Journal of Consumer Policy, 2008, 31(4): 393-408.

[189]Pike G H. Fun With Copyright[J].Information Today, 2008, 25(8): 17-19.

[190]Joint N. Is digitisation the new circulation?: Borrowing Trends, Digitisation and the Nature of Reading in US and UK Libraries[J]. Library Review, 2008, 57(2):87-95.

[191]Mahesh G, Mittal R. Digital Content Creation and Copyright Issues[J]. Electronic Library, 2009, 27(4):676-683.

[192]Thomas W J. The Structure of Scholarly Communications Within Academic Libraries[J]. Serials Review, 2013, 39(3):167-171.

[193]Ghosh M. Transforming our libraries, ourselves: ALA in Las Vegas — a Brief Outline with Focus on International Programs[J]. Library Hi Tech News, 2015, 32(2):17-19.

[194]Christine L H. Christine Lind Hage[J]. American Libraries, 2016, 47(3):12.

[195]Gasaway L N. Libraries, Educational Institutions, and Copyright Proprietors: The First Collision on the Information Highway.[J]. Journal of Academic Librarianship, 1996, 22(5):337-344.

[196]Bush V. As we may Think[J]. The Atlantic Monthly, 1945(6).

[197]Berry J W. Digital Libraries: New Initiatives with Worldwide Implications [J]. Collection Building, 1996, 15(4):21-33.

[198]Mccray A T, Gallagher M E, Flannick M A. Extending the Role of Metadata in a Digital Library System[J]. Proceedings of the IEEE Forum on Research and Technology advances in Digital Libraries,1999:190-199.

[199]Borgman C L. What are Digital Libraries? Competing Visions [J]. Information Processing & Management, 1999, 35(3):227-243.

[200]Fox E A, Hix D, Nowell L T, et al. Users, User Interfaces, and Objects: Envision, a Digital Library [J]. Journal of the American Society for Information Science & Technology, 1993, 44(8): 468-473.

[201]Williamson O E. The New Institutional Economics: Taking Stock, Looking Ahead[J]. Global Jurist, 2000, 38(3):595-613.

[202] Sutton S A. Future Service Models and the Convergence of Functions: The Reference Librarian as Technician, Author and Consultant. [J]. Reference Librarian, 1996, 54(54):125-143.

[203] Edgington E S. Review of the Discovery of Grounded Theory: Strategies for Qualitative Research[J]. Canadian Psychologist Psychologie Canadienne, 1967, 8a(4):360.

[204] Patton, M.Q. Qualitative Evaluation and Research Methods. 2nd ed. [J]. Modern Language Journal, 1990, 76(4):543.

[205] Patton, M.Q. Qualitative Evaluation and Research Methods. 2nd ed. [J]. Modern Language Journal, 1990, 76(4):543.

[206] Zeithaml Valarie A. Customer Perception of Price, Quality and Value: a Means-end Model and Synthesis of Evidence[J]. Journal of marketing, 1988(6):2-22.

[207] Maria B, oren K. "Coopetition" in Business Networks: To Cooperate and Compete Simultaneously [J]. Industrial Marketing Management, 2000, 29 (5):411-426.

[208] Jr E T J, Ewalt J A G. Interorganizational Coordination, Administrative Consolidation, and Policy Performance [J]. Public Administration Review, 1998, 58(5):417-428.

[209] Rojas-Drummond S M, Albarrán C D, Littleton K S. Collaboration, Creativity and the Co-construction of Oral and Written Texts[J]. Thinking Skills & Creativity, 2008, 3(3):177-191.

[210] Grönroos C. Service logic revisited: Who Creates Value? And Who Co-creates? [J]. European Business Review, 2008, 20(4):298-314.

[211] Sheth J N, Sisodia R S, Sharma A. The Antecedents and Consequences of Customer—centric Marketing[J]. Journal of the Academy of Marketing Science, 2000, 28(1):55-66.

[212] Schau H J, Muñiz, A M, Arnould E J. How Brand Community Practices

Create Value[J]. Journal of Marketing, 2009, 73(5):30-51.

[213]Teresa Doménech, Davies M. The Role of Embeddedness in Industrial Symbiosis Networks: Phases in the Evolution of Industrial Symbiosis Networks[J]. Business Strategy & the Environment, 2011, 20 (5): 281-296.

[214]Mirata M, Emtairah T. Industrial Symbiosis Networks and the Contribution to Environmental Innovation[J]. Journal of Cleaner Production, 2005, 13 (10):993-1002.

[215]Shumate M, O'Conno R A. The Symbiotic Sustainability Model: Conceptualizing NGO -corporate Alliance Communication[J]. Journal of communication, 2010, 60(3):577-609.

[216]Danielc E. Industrial Ecology and Competitiveness: Strategic Implications for the Firm[J]. Journal of industrial ecology, 1998, 2(1):35-43.

[217]John Gerard Scott Goldie. Connectivism: A Knowledge Learning Theory for the Digital Age? [J]. Medical Teacher, 2016, 38(10): 1064-1069.

[218]Thomas W J. The Structure of Scholarly Communications Within Academic Libraries[J]. Serials Review, 2013, 39(3):167-171.

[219]Ghosh M. Transforming our Libraries, Ourselves: ALA in Las Vegas — a Brief Outline with Focus on International Programs[J]. Library Hi Tech News, 2015, 32(2):17-19.

[220]Pike G H. Fun With Copyright[J]. Information Today, 2008, 25(8): 17-19.

[221] Schovsbo J. Integrating Consumer Rights into Copyright Law: From a European Perspective[J]. Journal of Consumer Policy, 2008, 31 (4): 393-408.

[222]Adu T L, van der Walt T B. An Evaluation of Copyright Communication Infrastructure: Fostering Stakeholder Harmony in Academic Libraries in Ghana[J]. The Journal of Academic Librarianship, 2021, 47 (5):

99-133.

[223]Joint N. Is Digitisation the New Circulation?:Borrowing Trends, Digitisation and the Nature of Reading in US and UK Libraries[J]. Library Review, 2008, 57(2):87-95.

[224]Olson K K. Preserving the Copyright Balance: Statutory and Constitutional Preemption of Contract-Based Claims[J]. Communication Law & Policy, 2006, 11(1):83-132.

[225]Ding Y Y. Symbiotic Relationship between Smart Enterprises in an Entrepreneurial Ecosystem[J]. Enterprise Information Systems, 2022, 16 (3): 494-507.

[226]Mahesh G, Mittal R. Digital Content Creation and Copyright Issues[J]. Electronic Library, 2009, 27(4):676-683.

[227]Christine L H. Christine Lind Hage[J]. American Libraries, 2016, 47 (3):12.

[228]Ma G. Research on the Optimization of University Library Data Service Environment Based on Information Ecology[J]. Fresenius Environmental Bulletin, 2021, 30(4 A): 4507-4514.

附录1 数字图书馆信息生态链价值平衡标志专家调查表(第一轮)

尊敬的＿＿＿＿＿＿＿＿专家:

您好! 我们正在进行一项关于"数字图书馆信息生态链价值平衡"的学术研究，希望通过多轮专家咨询了解您对数字图书馆信息生态链价值平衡标志的看法。

请您根据您对数字图书馆信息生态链价值平衡标志及其相关知识的了解与看法填写第一轮开放式专家调查问卷，在本轮调查结束后，我们会将结果及时汇总、归纳后反馈给您，进行下一轮专家评定。非常感谢您的参与和支持!

1. 您认为应如何界定数字图书馆信息生态链价值平衡？您认为数字图书馆信息生态链达到价值平衡状态时有哪些表现(价值平衡的标志)？应该从哪几个方面去考虑？

2. 您认为数字图书馆信息生态链中有哪些价值不平衡或利益不协调的地方？请举例说明。

附录2 数字图书馆信息生态链价值平衡标志专家调查表(第二轮)

尊敬的＿＿＿＿＿＿＿＿专家：

您好！下表是我们对第一轮专家意见进行汇总、处理、分析和归纳后形成的价值平衡标志指标体系，请您对价值平衡标志的划分维度、标志因子及其解释说明提出修改意见，并可补充下表中您认为欠缺的标志。

维度	价值平衡标志	具体说明
价值需求结构合理	主体对价值种类及数量的需求与新增价值吻合	链内主体期望获得的价值种类及数量与整条链内价值增值的类型及数量一致
	主体对价值种类的需求与主体地位匹配	链内主体对价值种类的需求符合其所处链内角色及其社会身份
	主体对价值数量的需求与主体投入相符	链内主体期望获得的价值数量应与其投入的成本相符
新增价值分配公平	主体的要素投入与其价值回报相符(客观公平)	链内主体获得的价值回报与其参与链内信息活动投入要素的多少相符
	主体的贡献-产出与其他主体贡献-产出相比合理(主观公平)	链内主体参与链内信息活动的贡献-所得之比和其他信息主体的贡献-所得相比较是合理的

续表

维度	价值平衡标志	具体说明
合理需求得到满足	主体获得价值种类及数量与价值需求一致	链内主体实际获得的价值种类及数量完全符合甚至超过其心理预期
	主体获得所有主导价值及部分辅助价值	链内主体获得了所有自己期望值较高的价值以及部分期望值较低的价值
	主体获得大量主导价值及部分辅助价值	链内主体获得主导价值的数量超出了自己的期望，得到辅助价值的种类及数量低于自己的心理预期
	主体获得大部分主导价值和大量辅助价值	链内主体得到主导价值的种类及数量略低于自己的心理预期但获得辅助价值的数量远大于自己的预期
价值冲突调解妥善	价值数量冲突调解妥善	链内主体期望获得价值数量与实际获得价值数量之间的差距能得到很好调解
	价值种类冲突调解妥善	链内主体期望获得的价值种类与实际获得价值种类不相符的矛盾能得到很好解决

您的意见及建议：_____

附录3 数字图书馆信息生态链价值平衡标志专家调查表(第三轮)

尊敬的_____专家：

您好！下表是根据第二轮专家调查修改意见修改后的数字图书馆信息生态链价值平衡指标体系，请您按价值平衡标志因子的重要性程度(非常重要5分，比较重要4分，重要3分，无所谓2分，不重要1分)在右侧对应空格内打√。

维度	价值平衡标志	具体说明	非常重要	比较重要	重要	无所谓	不重要
价值需求结构合理	主体对价值种类及数量的需求与新增价值吻合	链内主体期望获得的价值种类(如金钱、知识增长、知名度增加等)及数量与链内价值增值类型及数量一致					
	主体对价值种类的需求与主体地位匹配	链内主体对价值种类的需求符合其所处链内角色(如信息生产者、传递者、消费者)及其社会身份(如数据库商、图书馆馆员、教师、学生等)					
	主体对价值数量的需求与主体投入相符	链内主体期望获得的价值数量应与其投入的成本(如金钱、时间、技术、体力、脑力等)相符					

续表

维度	价值平衡标志	具体说明	非常重要	比较重要	重要	无所谓	不重要
新增价值分配公平	主体的要素投入与其价值回报相符	链内主体获得的价值回报(经济价值和非经济价值)与其参与链内信息活动所投入要素多少一致					
	主体所承担风险与其价值回报相对应	链内主体获得的价值回报(经济价值和非经济价值)与其参与链内信息活动所承担的风险大小对应					
	主体贡献-产出与其他主体相比合理	链内主体参与链内信息活动的贡献-所得之比和其他信息主体的贡献-所得相比较是合理的					
价值需求得到满足	主体获得价值种类及数量与价值需求一致	链内主体实际获得的价值种类及数量完全符合甚至超过其心理预期					
	主体获得大量主导价值及部分辅助价值	链内主体获得主导价值(主体期望较高的价值)数量超出自己的期望,得到辅助价值(主体期望较低的价值)的种类及数量低于自己的心理预期					
	主体获得大部分主导价值和大量辅助价值	链内主体得到主导价值的种类及数量略低于自己心理预期但所得辅助价值的数量远大于自己的心理预期					

附录4　数字图书馆信息生态链价值平衡影响因素访谈提纲

　　您好！我们正在进行一项关于"数字图书馆信息生态链价值平衡"的学术研究，希望通过以下调查问题了解您对数字图书馆信息生态链价值平衡影响因素的看法。您的回答完全取决于您对数字图书馆的认识和了解。本次调查结果仅用于学术研究，绝不会泄露您的任何个人信息。希望您能认真表达自己的意见，非常感谢您的参与和支持！

参与条件：

1. 经常参与数字图书馆信息活动，对数字图书馆有较深认识。
2. 对数字图书馆的业务流程有一定了解。

术语界定：

1. 数字图书馆信息生态链是以数字图书馆为中心，由上游的信息生产者及下游的数字信息用户构成的数字信息流转链式依存关系。
2. 数字图书馆信息生态链价值平衡是指合理调节和化解数字图书馆信息生态链各信息主体自身及主体之间的价值冲突，保障价值分配的相对公平，使链内各主体合理的价值需求得到满足。

第一部分：受访者基本信息

1. 您的性别：□男　　　□女
2. 您的年龄：□20 岁以下　　□20～30 岁　　□31～40 岁
　　　　　　　□40 岁以上
2. 您的受教育程度：□大专及以下　　□本科　　□硕士　　□博士

3. 您的职业：

　　□数字资源提供商　　　　□图书馆员　　　　□在读学生

　　□教师及科研人员　　　□企事业单位工作人员

4. 您或您的单位每周进行数字图书馆信息活动的次数：

　　□5 次以内　　　　□6~10 次　　　□11~20 次　　　□20 次以上

第二部分：受访者参与数字图书馆信息生态链信息活动的经历

1. 您或您的单位主要参与哪些数字图书馆信息活动？

2. 在参与这些信息活动时，您或您的单位期望从中获得哪些价值或好处？

3. 请列举您或您的单位在参加数字图书馆信息活动中有哪些不平衡或不合理的地方。

第三部分：受访者对数字图书馆信息生态链价值平衡影响因素的认识

1. 当参与高校、公共、科研机构以及企业等不同类型的数字图书馆信息活动时，您或您的单位对价值种类和数量的需求有哪些不同？请具体举例说明。

2. 数字图书馆信息生态链内流转的信息种类和数量对您或您的单位从中获取的价值种类和数量有什么影响？请具体举例说明。

3. 您或您的单位在数字图书馆信息生态链中的角色(信息生产者、信息传递者、信息用户)对您或您的单位期望从中获得的价值种类和数量有什么影响？

4. 您或您单位的专业水平、业务能力、信息处理能力等专业技能对您或您的单位参与数字图书馆信息活动有哪些方面的影响？

5. 您或您的单位从事数字图书馆信息活动投入的金钱、时间、精力、技术、人才等成本对您或您的单位期望从中获得的价值数量有哪些影响？

6. 您或您的单位与数字图书馆信息生态链内其他信息主体间的合作及竞争关系对您或您的单位参加数字图书馆信息活动有哪些影响？

7. 数字图书馆信息活动相关的管理机构和管理制度，对您或您的单位参与数字图书馆信息活动有哪些影响？

8. 先进的网络硬件及软件技术对您或您的单位参与数字图书馆信息活动有

哪些影响？

9. 数字图书馆相关的政策法规和标准对您或您的单位进行数字图书馆信息活动有什么影响？

10. 您认为还有哪些因素会影响数字图书馆信息生态链价值平衡？

附录 5 数字图书馆信息生态链价值平衡影响因素专家调查表

尊敬的专家，您好！我们正在进行一项关于"数字图书馆信息生态链价值平衡"的学术研究，希望通过以下调查问题了解您对数字图书馆信息生态链价值平衡影响因素的看法。您的选项完全取决于您对数字图书馆信息生态链价值平衡及其相关知识的了解与看法。本次专家调查结果仅用于学术研究，非常感谢您的参与和支持！

以下问题请您按价值平衡影响因素的重要程度(十分重要 5 分，比较重要 4 分，一般 3 分，不太重要 2 分，不重要 1 分)在对应方框内打√。

影响因素		因素说明	十分重要	比较重要	一般	不太重要	不重要
链的性质与任务	链的社会职能	数字图书馆信息生态链的功能、运行目的和承担的社会责任，如开展社会教育、传递科学情报、开发智力资源等					
	链内流转信息类型	数字图书馆信息生态链中流转的信息种类，如专业知识、社会通识、休闲娱乐信息等					
	链内流转信息数量	数字图书馆信息生态链中流转的各类信息数量及信息总数量的多少					

续表

影响因素		因素说明	十分重要	比较重要	一般	不太重要	不重要
链内信息主体因素	主体所处生态位	信息主体在链中的角色、职权定位及其占有和利用信息资源、信息技术等资源的状况					
	主体的价值能力	主要是价值创造能力、价值投入能力、价值获取能力以及价值感知能力					
	主体间竞合关系	链内主体之间从各自利益出发为争取利益最大化而自愿形成的竞争关系和合作关系					
链内组织管理	链内管理机构	数字图书馆信息生态链内具有决策、执行、监督、协调、服务等职能的组织					
	链内管理制度	链内管理组织在进行人员、设施管理方面的参考和依据，如部门规章、奖惩措施等					
网络环境因素	网络信息技术	对链的运行和价值增值有直接影响的网络信息设施、硬件设备、系统软件、应用软件等					
	网络信息制度	对链的信息活动和主体信息行为起引导和规范作用的信息政策、信息法律、信息标准等					
主体价值需求结构	价值种类需求	主体参与数字图书馆信息生态链内信息流转活动时期望从中获得的价值类型，如金钱、文化素质、社会形象、地位等					
	价值数量需求	主体参与数字图书馆信息生态链内信息流转活动时期望从中获得的价值多少					
	需求种类比例	主体期望从数字图书馆信息生态链中获得的各类价值的数量比例					
新增价值及其分配	新增价值种类	数字图书馆信息生态链价值增值产生的价值类型					
	新增价值数量	数字图书馆信息生态链价值增值产生的价值多少					
	新增价值分配	对数字图书馆信息生态链的增值价值进行分配的方式、方法					

后　　记

本书是在我同名博士学位论文的基础上修改完成的。同时，本书也是湖北省社科基金一般项目(后期资助项目)：《数字图书馆信息生态链价值平衡研究》(项目批准号：2021202)的成果。

本书最终得以顺利出版，首先，要特别感谢我的博士导师娄策群教授和硕士导师熊回香教授。在博士学习期间，娄老师在学业上对我悉心指导和点拨，博士论文从选题、撰写及最后定稿都倾注了娄老师的大量心血。同时，要感谢我的硕士导师熊回香教授。熊老师对工作的认真、对生活的热爱从硕士阶段便一直感染着我，感谢熊老师一直以来对我学习和生活上的关心和照顾。

其次，感谢华中师范大学的王学东教授、李玉海教授、曹高辉教授和易明教授对我论文提出的宝贵指导意见。感谢夏立新教授、夏南强教授、高劲松教授等传授我知识，给予我智慧的启迪，让我受益颇丰。感谢同门师兄师弟师姐师妹以及华师博士同学对我的关心和帮助。同时，我要感谢那些对我论文调研给予帮助的各位专家和朋友，你们对我的帮助，我将铭记在心。

最后，感谢湖北大学历史文化学院的领导和同事对我工作给予的关心和帮助，感谢湖北省社会科学界联合会、武汉大学出版社对本书出版提供的支持。尽管已尽全力对书稿进行完善，但限于本人的学识水平，难免存在瑕疵和不足，恳请各位专家学者批评指正。

李青维

2023 年 5 月 8 日